Aprenda a ser dono

TAMAR GELLER
COM ANDREA CAGAN

APRENDA A SER DONO

Técnicas de relacionamento para tornar mais feliz a sua vida com seu cão

TRADUÇÃO
Marcos Marcionilo

Ediouro

Título original
The Loved Dog — The Playful, Nonaggressive Way to Teach Your Dog Good Behavior

Publicado por Simon Spotlight Entertainment, selo da Simon & Schuster
Nova York, NY, EUA

Editora: Mariana Rolier
Assistente editorial: Fernanda Cardoso
Coordenadora de produção: Adriane Gozzo
Assistente de produção: Juliana Campoi
Revisão: Flávia Schiavo
Editora de arte: Ana Dobón
Capa: Michael Nagin
Fotografia de capa: © 2007 by Deborah Feingold
Editoração eletrônica: Dany Editora Ltda.

Dados Internacionais de Catalogação na Publicação (CIP)
(Câmara Brasileira do Livro, SP, Brasil)

Geller, Tamar
Aprenda a ser dono : Técnicas de relacionamento para tornar mais feliz a sua vida com seu cão / Tamar Geller com Andrea Cagan ; tradução Marcos Marcionilo. — 1. ed. — São Paulo : Ediouro, 2008.

Título original: The loved dog.
ISBN 978-85-00-02199-2

1. Cães - Comportamento 2. Comunicação homem-animal I. Cagan, Andrea. II. Título.

08-06466 CDD-156

Índices para catálogo sistemático:

1. Cães e homens : Relações : Psicologia comparada 156
2. Homens e cães : Relações : Psicologia comparada 156

Rua Nova Jerusalém, 345 – Bonsucesso
Rio de Janeiro – RJ – CEP 21042-235
Tel.: (21) 3882-8200 Fax: (21) 3882-8212 / 3882-8313
www.ediouro.com.br

Ame os animais, ame as plantas, ame tudo. Se você amar tudo, perceberá o mistério divino nas coisas.

FIODOR DOSTOIÉVSKI, *Irmãos Karamazov*

Sumário

Agradecimentos

A gratidão é a chave para a celebração da vida, e há muitas pessoas (e cães) que ajudaram este livro a existir. Agradeço a Carrie Cook, por me ter convencido a escrever este livro; a Andrea Cagan, por ter-se mostrado tão acolhedora e amorosa para comigo e os animais; e a Jen Bergstrom e Ursula Cary, da Simon Spotlight Entertainment, por terem sentimentos tão fortes por cães.

A Eric, Tania, Lily e Wee — obrigada por seu amor, inspiração e por me dizerem sempre "você consegue" — e a Wee, por cozinhar tão deliciosamente quando eu aparecia para dar uma respirada.

A Lilach Barka e a minha equipe no *The Loved Dog* — obrigada a todos vocês por me auxiliarem nas minhas necessidades e particularmente por terem dado banho em meus cachorros com tanto amor enquanto eu gastava tão longas horas no computador.

A meu querido Richard Beckerman, que ficava comigo até as 5 horas da manhã enquanto eu escrevia — obrigada por sua compreensão, apoio e amor.

A Wayne Pacelle e Kathy Bauch — obrigada por sua dedicação sem equivalente e por todo o apoio dado a mim e a meu trabalho.

A meu pai — obrigada por dividir seu amor pelos animais e por me dizer para seguir sempre minha paixão na vida e para nunca fazer concessões.

A meus amados Clydie e Dukey — obrigada por seu amor constante e por me fazerem, todo dia, dar uma caminhada.

E, finalmente, muitíssimo obrigada a todos os cães e a suas famílias que me convidaram a visitá-los e partilharam suas histórias comigo. Vocês são meus mestres.

Prefácio

Quando Tamar Geller me convidou para escrever um prefácio para este livro, não teve necessidade de me compensar com um petisco ou com alguma afirmação verbal como estímulo. Conheci Tamar como uma professora inspirada e como treinadora para a vida de cães e de seus donos e pude ver, em primeira mão, os extraordinários resultados de seu trabalho. E, mais que isso, as crenças que existem em torno de seu trabalho e sua vida estão perfeitamente alinhadas com a missão da Humane Society of the United States* — e é um prazer, tanto pessoal como profissional, ver-me associado a esta obra.

Respeitar todos os seres, amar em vez de agredir, compreender os valores intrínsecos aos animais, reconhecer a capacidade de ser cães dos cães, construir vínculos entre pessoas e cães que durem toda uma vida — é isso o que mantém os cães com suas famílias e fora de nossos centros de proteção para animais sem-teto durante a vida toda.

É isso ainda o que faz deste livro muito mais que um manual de treinamento para cães. Na verdade, você encontrará um tesouro de informações e sugestões práticas aqui dentro. Mas Tamar não lhe dirá apenas como ensinar seu cão a se sentar, ela o ensinará a como inspirar

* A Humane Society of the United States (HSUS) trabalha, desde 1954, na promoção da proteção de todos os animais. É a maior e mais poderosa organização de proteção animal nos Estados Unidos e no exterior, com cerca de dez milhões de membros e constituintes. Suas vertentes de ação são: reivindicar políticas públicas de proteção, reforçar as leis existentes e proteger animais de todas as formas de violência e maus-tratos. [N. do T.]

seu cão a querer se sentar. Assim como os melhores treinadores, ela ajudará você e seu cão a se encontrarem como em um verdadeiro time.

Numa época em que as pessoas reconhecem acertadamente os cães como membros de suas famílias, os cães realmente devem ser tratados com o respeito e a ternura que reservamos a qualquer ente querido. Vemos muita sabedoria nas palavras e na abordagem de Tamar Geller.

O *modus operandi* de seu método é simples, e o subtítulo do livro o capta perfeitamente: TÉCNICAS DE RELACIONAMENTO PARA TORNAR MAIS FELIZ A SUA VIDA COM SEU CÃO. O "porquê" de seu método é mais simples ainda: todos os cães merecem ser amados. E esse é, sem dúvida, um objetivo mais que válido.

WAYNE PACELLE
Presidente e CEO do
The Humane Society of the United States

Introdução

Como vou dar a descarga nisso?, perguntei a mim mesma. Estava em um banheiro improvisado em uma pequena casa para hóspedes em Bangcoc, de pé em um banheiro sem privada, quando percebi que não havia meio de dar a descarga. Fui para a sala de estar, com o rosto incendiado de tanto embaraço.

— Pode me ajudar? — pedi timidamente à senhora idosa que acabara de conhecer instantes antes. — Não consigo dar a descarga no banheiro. Não sei bem o que fazer.

A mulher da casa rompeu em um sorriso amarelo e me perguntou em um inglês com forte sotaque:

— Você viu uma banheira e um balde junto da privada?

Fiz que sim.

— Encha o balde com água e jogue na privada. Isso fará escoar. Depois você usa água para se lavar.

Eu lhe agradeci e voltei ao banheiro, onde pus em prática meu conhecimento incomum e recém-adquirido. Ainda constrangida, tremi em pensar o que teria acontecido se eu tivesse sido pega pela pessoa que viesse depois de mim, ou se aquela mulher não me tivesse entendido.

Espere um pouco, provavelmente você deve estar pensando. *O que é que suas aventuras de viagem têm a ver com treinamento de cães?*

A resposta é: tudo! Quando trazemos um novo cão para dentro de nossa casa, ele ou ela é como um alienígena entrando em uma terra estranha, sem a menor idéia de como se acomodar ali, de como as coisas funcionam e — o pior de tudo — sem ter como pedir auxílio ou instruções. E depois, para acrescentar injúria e dor à confusão, quando eles fazem suas "coisas" no lugar errado (sempre segundo nosso ponto de vista), o que eles ganham é ter seus narizes altamente sensíveis enfiados em seus próprios excrementos, ser espancados com um jornal ou jogados para fora envergonhados, restando a eles perguntar se é seguro ficar perto dessas novas pessoas e se o ato natural de ir ao banheiro agora é um erro.

Ainda bem que a mulher em Bangcoc não fez isso comigo.

Imagine alguém que só falasse uma linguagem incompreensível para você, puxasse seu pescoço e lhe batesse ou o prendesse quando você não conseguisse entender. Você sentiria amor por essa pessoa? E mais, a ansiedade, o medo da agressão que você sentiria o deixariam ainda mais nervoso, com dificuldade para se acalmar ou entender o que se espera que você faça.

Como ex-oficial da inteligência israelense, observei os métodos horríveis que os militares usam com seus cães, as mesmas técnicas de tortura que muitos treinadores usam ainda hoje. Eles defendem que a punição é necessária e eficiente, mas, por favor, creiam em mim, a violência nunca é adequada — mesmo quando disfarçada por trás de alguns termos de adestramento para cães que soam muito criativos! Toda vez que um treinador exerce atos de punição contra um cão, o que ele cria é um animal perturbado. Se você grita cegamente e puxa a guia de seu cão, você está agindo como uma pessoa fora de controle, um lunático furioso — e não como alguém confiável —, e o cão acabará com pavor de você.

Não acredito que devamos recorrer à pressão, à intimidação, à violência, à força física ou ao medo. Isso significa dizer não a enforcadores, colares de espinhos, correção física ou qualquer coisa que eu possa classificar como "métodos da Inquisição espanhola" e que se baseiem na dor, na pressão ou no medo. Ao contrário, descobri que as brincadeiras são os melhores instrumentos de ensino. O fundamento de todo treinamento para cães é tão simples quanto mudar o que seu cão associa com dor por aquilo que ele associa a prazer. Imagine-se sinalizando para seu cão que a sessão de treinamento acabou e que, em vez de ele exalar um suspiro de alívio e correr para se esconder debaixo da cama, ele se sente diante de você polidamente, balançando o rabo, pedindo mais!

Para mim, ensinar um cão "a obedecer" soa combativo, como se o cão não tivesse outra chance a não ser fazer aquilo que você manda — ou então... Ter sucesso no treinamento de seu cão não é fazer com que ele obedeça sem questionar. Ensinar bons modos a seu cão e construir um vínculo forte fará com que você alcance os resultados que quiser. Seu cão vai querer se aproximar de você. Afinal de contas, você é o líder carinhoso, e ele tem orgulho de ser seu melhor amigo.

Toda vez que você for ensinar um cão por meio do "treinamento com brincadeiras", defina objetivos de curto prazo que sejam alcançáveis e comemore o sucesso dele. Toda vez que você substitui um não por um sim, está construindo uma amizade intensa e incondicional que levará vocês dois a uma satisfação e alegria duradouras. Perdi a conta de quantas vezes determinados clientes olharam admirados para mim e disseram:

— Isso é tão fácil... faz muito mais sentido. Por que não pensei nisso?

Ou:

— Eu não sabia que meu cão era tão inteligente. Afinal de contas, ele foi reprovado no adestramento.

A diferença entre adestrar pela força e ensinar bons modos por meio da ternura é incomparável. O princípio fundamental é que os cães correspondem a nossas necessidades básicas de conexão, amor e aceitação. Eles se sentem felizes em nos dar essas coisas, mesmo em nossos piores dias. Podemos mostrar nossa gratidão e reconhecimento atendendo a suas sete necessidades básicas, que serão detalhadas no capítulo seis. Permitam-me deixar claro que se vocês estão buscando lealdade e dedicação em tempo integral, é justamente isso o que seu cão mais deseja lhes dar. Não importa sua posição na vida ou qual a sua aparência em determinado momento, seu cão estará ali, lembrando-lhe de sua própria grandeza e encorajando-o a sorrir.

Este livro trata dos pontos internos e dos externos do treinamento de cães, que são treinar para brincar, treinar postura e ensinar bons modos. Afinal de contas, se um cachorro vai se tornar membro de sua família, você precisa ensiná-lo, como ensinaria seu filho, a ser bem-educado. Ao mesmo tempo, porém, você precisa satisfazer a indomesticável "natureza de lobo" de seu cão.

Nas próximas páginas partilharei com você o modo de utilização de meus métodos não-violentos. Também mostrarei quão fácil e rapidamente você pode ensinar seu cão a sentar, deitar, parar de pular nas visitas e deixar de mendigar à mesa. Partilharei o segredo de como desenvolver uma linguagem comum, de modo que você possa se comunicar realmente com seu cão. Discutiremos ainda qual o impacto que têm a dieta e os exercícios na atitude e na habilidade de seu cão para aprender bons modos e comportamentos positivos.

Ao mesmo tempo, este livro vai além de ensinar seu cão a sentar, parar e rolar. Ele trata da vida, de como escolhemos vivê-la e do quanto podemos aprender com nossos cães. O êxito no adestramento de cães provém da consistência e do comprometimento em fazer tudo o que seja preciso para criar uma relação bonita, produtiva, segura e amorosa com eles. A partir daí você pode liberar a mágica que existe nele para que o mundo todo a veja.

Se você seguir cotidianamente meus divertidos métodos de treinamento, você e seu cão verão como o adestramento de um cão pode ser fácil e prazeroso. Os impressionantes resultados farão vocês dois vibrarem! Pretendo que você e seu cão sorriam um para o outro todo santo dia e se perguntem a si mesmos: "Como podemos ser tão felizes?".

Alguns de meus métodos podem parecer completamente diferentes de tudo o que você já deve ter ouvido sobre treinamento de cães. E são diferentes mesmo! Eles também são mais rápidos de aprender e mais divertidos. Peço-lhe que mantenha a cabeça aberta. Seu cão o amará por isso.

Meu amor por cães e meu desejo de me comunicar com eles começou quando eu era menina. Contudo, só em 1987, quando terminei de prestar o serviço militar na Força Aérea Israelense, vim a entender que o treinamento de cães viria a ser meu objetivo de vida. Passei vários meses no deserto israelense, exatamente aos pés da cadeia de montanhas de Edom, em uma escola de campo e laboratório de pesquisa. Foi ali que comecei a observar lobos na natureza.

Fiquei fascinada, impressionada com o que vi. Testemunhei velhos lobos fazendo o trabalho de integração dos mais novos na cultura dos lobos, corrigindo comportamentos por meio de brincadeiras, posturas corporais, expressões faciais, cabo-de-guerra, esconde-esconde, exposição dos dentes (que eu chamo de "ir ao dentista"), urros ameaçadores e tratamento indiferente. Mas não havia a mínima violência! Mesmo que tudo aquilo parecesse feroz e perigoso, nunca vi um lobo causar dano a outro no esforço de socializar um filhote no bando ou se dirigir a outro membro do bando para prestar uma queixa.

Durante esse tempo, comecei a despertar à noite depois de um sonho vívido e recorrente, que me dizia que meu futuro estava em adestrar cães usando os métodos naturais dos lobos. Foi assim que teve início minha carreira como treinadora não-violenta para cães e seus donos. Em outras palavras, dediquei minha vida — pessoal, profissional e espiritual — a fazer parte de um mundo harmonioso e natural. Acredito que a paz começa com nossas interações em círculos próximos e em nossas famílias, incluindo nossos animais de estimação. É como o escritor Henry Salt escreveu em seu livro *The Creed of Kinship* [O credo do parentesco]: "A base para toda moralidade real deve ser o senso de parentesco entre todas as coisas vivas".

Entre os milhões de cães e filhotes que são jogados em instituições protetoras dos animais e os estimados três milhões que são "postos para dormir" todo ano, cerca de 60% têm idade abaixo de 1 ano. Como um filhote de 9 meses, que foi ignorado, que não recebeu o mínimo treinamento ou que foi adestrado com métodos violentos pode *não* ter mau comportamento, pode *não* demonstrar agressividade? Por que ele *não* se defenderia a si mesmo com os recursos que possui, quaisquer que sejam eles?

Como alguém que superou uma infância de abusos, preciso simplesmente olhar nos olhos grandes e úmidos de qualquer cão para entender que não é para a violência que eles se inclinam. Bem ao contrário, vejo o temor, o mistério, a alegria e a esperança que eu quero estimular e valorizar. A natureza dos cães é aventureira e ousada, dotada de grande amor em seu núcleo, e quanto mais você os ensina de um jeito amoroso e divertido, mais eles vão querer aprender.

Embora os cães sejam parentes dos lobos, sua natureza dual sugere que eles também podem se comportar como bebês, e é justamente esse o aspecto que cria a qualidade mágica dos cães. Precisamos ajudá-los a atingir o equilíbrio entre as características de lobo e os traços de bebê de suas personalidades, sem aniquilar seu espírito selvagem. Precisamos lembrar que todo cão tem um caráter individual com seus próprios gostos. Tenham eles o mais puro *pedigree* ou sejam a mais criativa combinação de SRD, eles provocam a experiência da frustração e da alegria em diferentes níveis. Essencialmente, todos os cães são animais sensíveis, emotivos e leais, que amam um bom líder e têm o anseio de aprender e se divertir. Seu otimismo natural é contagiante e sua lealdade não conhece temor e dúvida. Por todos esses motivos, eles são uma bênção — um dom mágico de Deus e uma fonte extraordinária de cura e companheirismo. Contudo, cabe a nós fazer vir à tona essas qualidades magníficas nesses seres maravilhosos.

Meu objetivo — inicialmente motivado pelo fato de eu mesma ter vivenciado experiências de violência em minha própria família — é falar e ajudar seres privados de direitos neste mundo, que não têm voz para falar por si mesmos. Acredito que todos nós podemos escolher se vamos viver nossas vidas no amor ou no medo. Meu treinamemento-jogo baseia-se no amor, porque é assim que escolhi viver a vida.

Claro que não tenho a ilusão de que minhas crenças sejam as únicas dignas de fé ou que meu método seja 100% válido para todas as pessoas. Só lhe peço que mantenha a cabeça e o coração receptivos e que apreenda de minhas experiências tudo o que faça sentido para sua vida. Para mim, se não se tratar de amor não me interessa. Espero que você sinta o mesmo.

PARTE UM

Estranho em uma terra estranha

CAPÍTULO UM

Um sonho real

Uma grande nuvem empoeirada subiu na noite espessa obscurecendo completamente o alto monte Edom a distância. Eu já visitara aquele lugar muitas vezes antes, mas, mesmo assim, encontrava-me maravilhada diante do grande maciço montanhoso subindo da planície, na área aberta no deserto cor de trigo. Ouvia nitidamente os sons da noite com os diferentes sons dos grilos, uma variedade de insetos exóticos, cantos de pássaros e misteriosos estalos em meio aos arbustos, todos enchendo o ar com uma melodia desarmoniosa e bela.

Amava o deserto e sentia-me perfeitamente à vontade com os ruídos da natureza. Mas por que os lobos estavam criando toda aquela perturbação a ponto de lançar nuvens de areia e pó na atmosfera? Até então, eu já tinha visto aquele bando de lobos muitas vezes, no entanto nunca tinha dado atenção àquele tipo de atividade antes. Quase sem respirar, esperei a poeira baixar, com muito medo do que veria quando o ar voltasse a ficar limpo. Engatinhando, recuei o máximo que pude para dentro dos arbustos e olhei para minha bicicleta, meu único meio de transporte para sair dali. O alojamento ficava a uma boa meia hora de distância — desde que eu não estourasse o pneu no íngreme chão do deserto, sendo obrigada a consertá-lo no escuro. Esquadrinhava continuamente o terreno em torno de mim, sempre à espreita de cobras venenosas e mortíferos escorpiões amarelos nativos da área.

Acalmei minha respiração, lembrando a mim mesma que estava a salvo. Um homem chamado Zev ("Lobo" em hebraico; um apelido bastante apropriado para alguém envolvido na pesquisa com lobos) disse-ra-me que desde que eu mantivesse uma boa distância dos lobos que estivesse observando, eles me deixariam em paz. Aproximar-me de um bando de lobos selvagens era a última coisa que eu pretendia fazer. Mesmo assim, o som abafado de suas patas acolchoadas na terra compactada do deserto me deu medo. Procurei me acalmar evocando a segurança de Zev ao dizer que lobos não têm interesse em humanos. Zev disse que se me vissem aproximar muito, tenderiam a se afastar do lugar antes que eu pensasse em fazê-lo. Contudo a tempestade de poeira que se formara diante de mim me preocupou porque eu não conseguia imaginar o que estava acontecendo.

Quando a poeira foi baixando, pude ver as patas traseiras de um lobinho marrom em disparada pelo chão do deserto. Seu corpo inteiro entrou em meu campo de visão com a agilidade e a tensão visíveis em suas patas. De repente ele mudou de direção, desviando seu rastro de poeira e expondo vários outros lobos, pouca coisa menores que ele, mas que estavam em seu encalço. Não se tratava dos enormes lobos cinza que vemos em filmes. Lobos asiáticos, como aqueles que estavam diante de mim, eram menores e marrons, mais ou menos do tamanho de um coiote, com menos pêlos do que um lobo cinza. Apesar disso, eram suficientemente capazes de causar um grande estrago. Receei que tivessem todos se juntado contra o lobo alfa, que podia ser distinguido por algumas marcas faciais.

Será que eu estava testemunhando uma mudança de liderança? Isso seria sangrento? Olhei para a vastidão do deserto que me rodeava e senti-me um grão de poeira. Intocado pelo homem na maior parte do tempo e quase vazio de veículos, a imensidão das terras desérticas era o ambiente natural da Chatsevah Field School, um centro de pesquisas isolado no deserto de Aravá. Outrora eu visitara a Chatsevah várias vezes, quando minha amiga Sigalit, pessoa de quem sou muito próxima, ali prestou o serviço militar. A partir do momento em que cheguei à Chatsevah Field School, apaixonei-me por aquela terra intocada — apesar do calor exaustivo, dos insetos aflitivos e da localização remota. Tratava-se da natureza em seu grau mais puro, onde os animais eram observados, nunca caçados, por um grupo de pessoas que alimentava profundo respeito pelas criaturas que ali viviam.

Quando concluí meu serviço militar, tive o desejo de passar algum tempo em Chatsevah, em meio à beleza e à magia de uma natureza intacta, a fim de refletir sobre como levar minha vida dali por diante. Mas aquela escola agrícola não era um *resort* no qual você pode fazer uma reserva, apresentar-se na recepção na data marcada e pedir serviço de quarto. Ela prestava serviços a pesquisadores de animais, insetos, répteis e pássaros. Eu precisaria ter uma ocupação para poder ficar lá. Então minha amiga me apresentou a um professor que estava pesquisando pássaros do deserto israelense chamados *zanvanim*, ou "tagarelas palestinos". Ele precisava de ajuda. Logo combinamos que enquanto o professor estivesse ocupado com suas aulas em Tel Aviv, eu estaria em Chatsevah como sua assistente de pesquisa, observando os *zanvanim* duas vezes ao dia, todo dia, anotando o comportamento deles.

Todas as manhãs eu me levantava antes do amanhecer e ia de bicicleta até alguma árvore determinada, onde os pássaros se aninhavam. Mesmo odiando o som do despertador gritando no escuro, simplesmente adorava estar fora do quarto antes que o mundo todo despertasse. Aquelas preciosas horas anteriores ao nascer do sol, de antes que o deserto esquentasse a ponto de me fazer perder o apetite, eram uma oportunidade para eu poder ficar bastante tempo com meu melhor amigo, Deus. Eu O sentia em torno de mim, a meu lado, respirando dentro de mim, ao mesmo tempo em que eu inspirava os odores frescos da vasta beleza que era Sua casa, na qual me sentia como uma hóspede muito bem-vinda.

Depois de fazer anotações sobre o comportamento dos *zanvanim*, quando o tempo esquentava a ponto de impedir que se fizesse qualquer outra coisa, eu voltava para dormir um pouco. No restante do dia, ficava completamente livre, até mais ou menos uma hora antes do pôr-do-sol, quando eu retornava para a árvore onde os pássaros viviam. E toda vez que eu assistia ao sol nascendo ou se pondo contra o pano de fundo das douradas montanhas a distância, eu me sentia em um *set* cinematográfico. Mas, na verdade, com exceção de algumas horas por dia, o tempo em que eu observava os pássaros, costumava ficar sozinha e entediada.

Certa noite, vi um jipe estacionar no lado de fora do prédio com um íbex (um antílope israelense) morto na carroceria. Moscas voejavam em torno da carcaça malcheirosa. Foi quando encontrei Zev, que estava dirigindo o jipe, pela primeira vez, junto com dois outros homens que estavam com ele.

— O que está acontecendo? — perguntei a Zev, na esperança de que finalmente algo começasse a acontecer naquele território remoto e isolado. Zev respondeu:

— Eu pesquiso lobos. Encontramos esse íbex morto e estamos indo para um ponto de alimentação onde possamos jogá-lo.

— Posso ir junto? — perguntei ansiosamente.

— Claro! Suba! — ele disse.

Pulei para dentro do jipe, animada com a perspectiva de ter algo a fazer ao anoitecer, que era para mim a hora mais solitária da jornada. Apesar de os estudiosos que habitavam Chatsevah serem boas pessoas, inteligentes e com muita sede de conhecimento, eles cultivavam certo isolamento. Eram muito reservados, e ninguém ali mantinha um horário convencional, à semelhança da fauna local. Dormíamos durante o dia, para minimizar os efeitos do calor debilitante, e rondávamos pelo deserto na brisa da noite. Eu era uma pessoa sociável, que adorava novas aventuras e a companhia de amigos e, francamente, ficava um pouco enlouquecida de ter de lidar sozinha com meus pensamentos incessantes... e ainda não encontrara nenhuma direção para meu futuro.

Fui me acomodar na traseira do jipe, com os pés desconfortavelmente projetados para o assento da frente, na tentativa de evitar tocar o íbex. Eram mais ou menos 21 horas quando estacionamos em uma área designada como zona de alimentação dos lobos. Os três homens puxaram a carcaça para fora do jipe e a largaram com todo o seu peso por terra. Depois fomos com o jipe até uma distância segura, mas de onde ainda podíamos ver o íbex, e esperamos. Tínhamos lanternas, porém não precisávamos usá-las porque a noite era iluminada por milhões de estrelas brilhantes. Eu tinha desenvolvido boa visão noturna durante meu serviço militar, e o céu estava sempre tão claro com estrelas e planetas, que eu só usava luz artificial em emergências.

Esperamos imóveis durante várias horas sem ver nada. Foi quando tive a impressão de ter visto a silhueta escura de um animal furtivo. Outro lobo vinha logo atrás, e os dois iam farejando o chão, na direção do íbex morto. Depois outros lobos apareceram, cerca de oito no total. Sabia que eles já tinham percebido nossa presença, mas não estavam interessados em nós. Estavam muito mais interessados no presente ensangüentado e morto que fora deixado para eles. Enquanto a matilha salivava e esperava, um lobo (mais tarde eu iria aprender que se tratava do alfa) foi o primeiro a enterrar seu focinho na barriga da carcaça, rasgando a carne macia. Ele puxou para fora o bucho, com o sangue pingando de seu focinho, e o comeu. Os outros vieram depois dele, esquartejando a carne, expondo os órgãos. Puxavam um naco de carne, corriam até certo ponto, a curta distância, devoravam-no vorazmente e voltavam querendo mais. O fedor das vísceras era pestilento, algo que jamais irei esquecer. No entanto parecia que os lobos as consideravam o mais fino acepipe da terra.

Mais tarde, Zev mostrou-me várias outras áreas de alimentação onde eles deixavam animais mortos que encontravam de vez em quando no deserto. Assim, comecei a voltar àqueles lugares por minha própria conta, observando os lobos nas noites em que topava com eles. E aquilo que começara como um modo de minimizar meu tédio transformou-se na melhor parte de meu dia. Toda noite eu me agachava em meio aos arbustos, esperava e observava. E, à medida que fui observando aquelas extraordinárias criaturas selvagens vivendo tão naturalmente suas vidas, fui ficando completamente absorvida. Fui sendo tomada por tudo aquilo e passei a sentir o arrepio da magia que acontecia bem diante de meus olhos.

Na noite da nuvem de poeira, segurei a respiração. Os lobos corriam como um bando de lunáticos e fechavam um círculo ao redor do lobo alfa. Eu não sabia o que esperar. Lembrei da primeira vez em que vi os lobos, pensando no mau cheiro do íbex que eles comiam tão vorazmente. Se fizessem o mesmo com o lobo alfa, não tinha certeza se poderia suportar ser a testemunha de festim tão macabro.

Enquanto eu tentava conter a urgência de encobrir os olhos, o lobo caçado parou abruptamente — como se alguém tivesse, de repente, puxado um par de rédeas invisíveis. Assim que ele parou, os outros também pararam. Eles olharam dentro dos olhos do lobo alfa, excitados e ofegantes. Pude ver seus dentes e um brilho de luz em seus olhos. Ele arqueou a parte traseira do corpo e esticou completamente as patas dianteiras diante de si, num convite para brincar. Depois se ergueu, afugentando o lobo que estava mais perto de si. Ele virou a mesa, e predador e presa voaram pela areia — dessa vez com os papéis invertidos.

O lobo alfa parou depois de alguns minutos, dando a entender que estava cansado daquele jogo. Farejou o chão e se deitou. Parecia entediado, enquanto o lobo que perseguira rastejou vagarosamente em sua direção, balançando o rabo, de cabeça baixa e com as orelhas para trás. Ele começou a limpar a orelha do líder, lambendo e limpando. O lobo alfa deixou que ele fizesse isso, como quem aceita um pedido de desculpas. A ordem fora restabelecida. A perseguição, que se parecia com uma luta mortal, acabara. Tudo não passara de um jogo, mesmo que um jogo aparentemente feroz. Mais tarde, vim a compreender que esse comportamento não apenas ensinava os lobos a caçarem sua presa, como também ajudava a estabelecer quem era que mandava, um aspecto crucial da sociedade dos lobos. Ninguém estava, de fato, ameaçado e ninguém saiu ferido.

Quando vi que o restante da alcatéia se acalmou e um passou a limpar o outro depois de sua imensa explosão de energia, soltei um suspiro de alívio. E, de repente, passei a entender algo. O lobo alfa, aquele que originalmente estava sendo caçado, nunca fora a vítima. Em nenhum momento. Ele detinha o controle o tempo todo. Estava era desafiando a alcatéia e depois se safou, correndo aleatoriamente, como a dizer:

— Peguem-me se puderem.

Os outros não podiam. Ele era mais rápido, mais esperto e mais ágil que os demais — justamente as razões pelas quais era o lobo alfa. E se algum lobo da alcatéia ainda tivesse dúvida disso, ele tinha provado seu direito à posição de modo categórico.

Aprendi muitas outras coisas com os lobos e seus jogos, como, por exemplo, quando eles se punham a fazer cabo-de-guerra. Mesmo sendo uma atividade aparentemente violenta e perigosa, era um de seus métodos favoritos para estabelecer posições hierárquicas. A maioria dos desafios aconteciam entre os lobos que estavam disputando a segunda e a terceira posições na matilha, não o primeiro posto, que já estava estabelecido. Um lobo prendia a ponta de um resto da pata de algum animal ou um galho de árvore entre os dentes e outro lobo mordia a outra ponta. Eles salivavam enquanto puxavam, cada qual para um lado, às vezes com três ou quatro outros lobos se juntando à batalha. Aquele que puxasse com mais força acabava ficando não apenas com o galho, mas também com o respeito dos demais, sem a necessidade de usar de maior violência.

Retornei a meu pequeno quarto pouco depois da meia-noite, afundei na cama, exausta, e me cobri apenas com o lençol. Estava quente demais para usar cobertores, mesmo com o ar-condicionado ligado. Naquela noite, tive o primeiro de uma série de sonhos recorrentes, que iriam formatar definitivamente meu futuro. No sonho, eu ouvia uma voz calma e categórica me dizer:

— *Você deve trabalhar com cães.*

Acordei e me sentei ereta, olhando as paredes brancas em torno de mim. Em meu sonho, as palavras eram claras, e eu estava ansiosa para cumpri-las. Mas o que é que elas queriam realmente dizer? Senti que fora tocada por algo de sobrenatural e percebi que aquele sonho trazia um significado profundo. Posteriormente, li uma citação do escritor Charlie Hedges que descrevia perfeitamente minha sensação: "Um sonho não é algo de que você desperte, mas algo que desperta você".

Mas qual era a atitude que eu devia tomar?

Quando meu tempo de trabalho na Chatsevah acabou, joguei uma mochila imensa nas costas e viajei pelo sudeste da Ásia por quase um ano, dando um tempo em meu sonho. Contudo eu viria a me lembrar dele no futuro, quando dei início a meu próprio negócio como treinadora e facilitadora da vida em comum dos cães e de seus donos. Basearia meus métodos de treinamento no modo como os lobos interagiam entre si, integrando seus filhotes na matilha e respeitando seu líder mais que qualquer outra coisa, mais que qualquer outro lobo.

CAPÍTULO DOIS

O cão amado

Em 1996, fundei o The Loved Dog Center, um centro de cuidado e atenção para cães na região oeste de Los Angeles. Ali, gaiolas e grades foram abolidas. Tive a idéia de abrir um centro de cuidados para cães pela primeira vez em Brentwood, Califórnia, onde fui chamada para ir a uma linda casa para ajudar um casal com seu cão supostamente "intratável".

— Quando voltamos para casa à noite — os donos me disseram —, ele nos deixa loucos. Pula, gane e morde e fica tão descontrolado que não há nada que possamos fazer com ele.

Cheguei à casa deles às 9 da noite. Era a hora em que eles costumavam voltar do trabalho e encontrar Mikey, seu mestiço de labrador, em delírio psicótico na porta da frente. Perguntei aos donos:

— O que é que ele fez hoje?

Eles responderam:

— Não sabemos muito bem. Ele deu a volta na casa e em nosso quintal, que não é pequeno, espalhou toda a ração, mas ainda nos enlouquece durante a noite. Estamos exaustos. Será que você consegue treiná-lo para ficar quieto?

Olhei bem para eles:

— Vocês estão me dizendo que deixam esse cão sozinho das 8 da manhã às 9 da noite? Ele não tem companhia alguma, não faz nenhum exercício, e vocês ainda esperam que ele fique sentado, imóvel, quando voltam para casa? Vocês querem que eu o adestre para ficar sentado, quieto e deitar agora mesmo? Cães são animais sociais, e não é justo querer adestrar esse cão. Por que vocês não chamam um vizinho para vir brincar com ele? Ou por que não contratam um passeador de cães?

Eles olharam um para o outro, lívidos, e depois olharam para mim e perguntaram:

— *Você* não quer ficar com ele?

Eles não entendiam que, para um cachorro, ser social não era um capricho, mas uma necessidade básica. Pense nisso — até mesmo para o criminoso mais renitente, o confinamento total é uma das piores punições possíveis. Aquele casal tinha, para todos os efeitos, condenado aquele cão inocente a uma condenação perpétua de total confinamento. Eles não entendiam que depois de um período de tamanho isolamento, tédio e solidão (coisas extremamente estressantes para qualquer animal gregário), ter um pouco de companhia ao fim do dia era um grande alívio. Fazia todo o sentido que o resultado final fosse um animal assustadiço e carente, e isso não era culpa dele.

Naquela noite, enquanto eu refletia sobre o destino de Mikey, entrevi um lugar seguro para cães, sem gaiolas nem grades, onde as pessoas pudessem deixar seus animais enquanto estivessem no trabalho ou de férias. Depois de uma cuidadosa triagem para evitar agressões, os cães poderiam vir a fazer parte de uma matilha. Eles poderiam liberar suas naturezas de lobo e usar suas vastas reservas de energia para brincar uns com os outros sob completa supervisão e com todo o amor. Quando os donos viessem buscá-los ao fim do dia, cansados e prontos para dormir, todos estariam felizes.

Quando contei minha idéia pela primeira vez a uma amiga, ela zombou:

— Você deve estar brincando! Creche para cachorros? Essa é a coisa mais maluca de que já ouvi falar.

Mesmo assim, interiormente, sentia que estava respondendo a uma necessidade — e não a um comportamento mimado de minorias que você vê apenas em Hollywood. Creches caninas e hotéis que acolhessem cães em um ambiente sem gaiolas nem grades era algo que nunca fora feito antes (pelo menos não em Los Angeles), mas isso era apenas parte da atração. Sempre gostei de um bom desafio. Até mesmo meus amigos mais "antenados" me disseram que minha idéia era inútil, porém isso só serviu como mais lenha em minha fogueira.

Aluguei um depósito de cerca de 500 m^2 e dois andares, encarei a burocracia — o conselho de regulação animal e a comissão de zoneamento municipal — para vender-lhes a idéia de um canil completamente livre de gaiolas. Foi um sacrifício convencer o conselho, que era muito restritivo, a aceitar um conceito tão inédito, mas, no fim, consegui meu alvará de funcionamento. Tive o primeiro canil sem gaiolas legalmente aprovado em Los Angeles!

Quando o inaugurei, havia apenas um espaço imenso e três cachorros — dois ficavam durante o dia todo e um ficava só meio período.

O que é que fui inventar?, pensei.

Era eu quem fazia tudo — atendia ao telefone, limpava o depósito e supervisionava os cães enquanto eles brincavam nos escorregadores ou ficavam deitados em almofadas macias, dormindo, sonhando e mexendo as patinhas. Às vezes eu ia levá-los para as respectivas casa no fim do dia. E por mais cansada que estivesse, sentia-me emocionada com o rumo que minha vida estava tomando.

Depois de várias reuniões com veterinários céticos e amantes de cachorros entusiasmados, eu tinha um monte de clientes felizes, tanto os de duas pernas como os de quatro patas. Kiku, um basenji que ficava conosco desde o dia em que abrimos, começou a bater no ombro de seu dono com a pata dianteira sempre que passavam por determinado ponto do caminho. Ele sabia que estava sendo levado para o The Loved Dog Center e queria ter certeza de que seu dono não se esqueceria de entrar na rua certa. Ginger Bosley, o mestiço de pastor do ator Tom

Bosley, contava os minutos na porta da frente de casa, pressionando o focinho contra o vidro até me ver chegando de carro para pegá-lo.

Um de nossos cães, Jack, um jack russell terrier, esperava o dono parar em frente do The Loved Dog Center. Depois, pulava pela janela do carro e corria para a porta de entrada, ganindo para deixarem-no entrar. Uma professora de ensino médio disse que seu cachorro estava sempre tão feliz e cansado quando ela vinha pegá-lo no fim do dia que caía no sono no banco de trás do carro imediatamente. E um advogado nos contou que sua cachorra estava sempre tão cansada que dormia em cima do prato de ração. Dado que as necessidades de todos estavam satisfeitas, as pessoas podia então passar suas noites junto com seus cães de um modo relaxado e amoroso, em vez de voltar para casas reviradas pelos bichinhos de estimação ou para animais ansiosos e deprimidos.

Certa vez, cheguei ao centro bastante animada, depois de ter participado de um seminário com Tony Robbins, um de meus mais inspiradores consultores. Eu disse firmemente a minha primeira funcionária:

— Atualmente temos 15 cachorros, mas em breve eles serão 30.

Ela me olhou assustada, contudo eu pressentia que algo estava para acontecer. Atualmente hospedamos 80 cães, tanto na creche como no hotel. Tenho uma equipe fantástica de dedicados funcionários, que sempre se fazem presentes com entusiasmo e capacidade de visão. Os donos se impressionam ao deixar seus animais de estimação participarem de uma matilha de animais felizes. Estamos a uma grande distância de deixar um animal aterrorizado e tremendo, com o rabo entre as pernas, com a cabeça enfiada entre as orelhas de tanto medo, empurrado para uma gaiola, onde vai perder o apetite enquanto fica contando os minutos até que seu dono volte.

Instalei uma grande vitrine, através da qual os donos podem olhar e assistir a seus cães brincando alegremente com seres semelhantes a eles. Os animais guardam sua natureza de lobos em um lugar seguro quando são supervisionados por acompanhantes que atuam como líderes da matilha. Constitui uma experiência emocionante para uma dona ver o próprio cão como parte da natureza e não apenas como seu "bebê". Não são poucas as vezes em que preciso substituir a caixinha de lenços da vitrine, porque as pessoas realmente se emocionam quando vêem seus cães brincando livremente e com completa liberdade de movimentos.

Certa manhã, enquanto dirigia a caminho do The Loved Dog Center, ouvi no rádio o programa de uma famosa psicóloga. Ela estava atendendo por telefone a uma consulente que era mãe de uma garota de 2 anos, e isso prendeu minha atenção.

— O que devo fazer a respeito de meu pai? — foi a pergunta da estressada ouvinte. — Ele chama minha filha de 2 anos para ir à casa dele, e quando ela não obedece de imediato, ele a espanca.

A psicóloga respondeu com convicção:

— Isso simplesmente não pode acontecer, porque é um comportamento completamente inaceitável. Você precisa tomar todas as medidas para que sua filha nunca, em momento algum, fique a sós com seu pai de novo.

Parei diante de meu centro, desliguei o rádio e estacionei. Meus dois cães, Clydie e Dukey, vinham comigo e estavam agitando os rabos tão freneticamente que pensei que, daquele modo, poderiam até mesmo se derrubarem. Abri a porta para deixar os dois saírem para a calçada, e eles dispararam rumo à entrada do centro, voando juntos pela escada, logo depois de mim. Estava ansiosa para ver meus funcionários e nossos visitantes de quatro patas, que sempre me recebiam como se fossem uma manada de búfalos felizes. No entanto não conseguia parar de pensar na mulher do rádio. Muitas vezes, orientadas por adestradores de cães, livros ou amigos que pensam saber tudo sobre treinamento de cães, as pessoas cospem ordens como se seus animais de estimação estivessem no exército. Os castigos de que esses pobres animais são vítimas por não entenderem a linguagem humana ou por não responderem rapidamente quase sempre são imediatos e brutais. Isso não é forma de tratar nenhum ser vivo. Até mesmo os lobos em sua condição primitiva, brutal e selvagem não tratam seus semelhantes de modo tão tacanho e violento. Gostaria que as pessoas reagissem contra os maus-tratos a que os cães são submetidos com a mesma clareza e exaltação da psicóloga no rádio:

— Isso simplesmente não pode acontecer.

CAPÍTULO TRÊS

Do abuso à proteção

Nasci no dia 11 de julho em Tel Aviv, Israel. Mesmo com meu pai e minha mãe sendo, os dois, judeus, eles não poderiam estar mais distanciados naquilo que diz respeito a personalidade, classe social e cultura.

Minha mãe, Bracha, nasceu em uma família ortodoxa ultra-sofisticada e rica e era filha de sobreviventes do Holocausto. Eles tinham vindo da Bélgica, tendo passado por Cuba e pelos Estados Unidos. A irmã gêmea de minha avó morrera em um campo de concentração, e a família posteriormente fora devastada por múltiplas perdas. Mas graças à ingenuidade e à capacidade de resistência de meu avô, eles sobreviveram e prosperaram.

Meu pai, Ben-Ami, que fazia parte de uma segunda geração de israelenses nativos, foi motorista de ônibus na juventude. Vinha de uma família leiga e pobre e era extremamente lindo, carismático e disponível para a aventura. Ele e minha mãe se conheceram quando uma amiga de minha mãe a levou para ver o lindo motorista de ônibus que ela acabara de descobrir. Minha mãe tomou a inesperada decisão de sair de casa antes de seu motorista particular chegar naquele dia. E foi para o ponto de ônibus.

Quando Bracha e Ben-Ami cruzaram os olhares, foi amor à primeira vista. Os opostos se atraem e, no início, eles se divertiam com suas diferenças. Meus avós maternos insistiram com minha mãe para que ela não se casasse com um motorista de ônibus sem grana — eles planejavam vê-la casada com um belo suíço, amigo da família, mas ela não atendeu ao desejo de seus pais. Sentia-se atraída pelo carisma de meu pai a partir do momento em que se sentou na garupa da motocicleta dele e voou com ele durante as aulas de pilotagem que ele teve, e ele se sentia atraído pela possibilidade de ter estabilidade financeira pela primeira vez em sua vida.

Contudo, não demorou em se tornar patente que meus pais não combinavam. E cada um foi cuidar da própria vida. Meu pai começou a trabalhar como guia turístico e ficava muito tempo fora de casa. Minha mãe sucumbiu a sentimentos de negatividade e depressão. A única coisa que a animava era ganhar a atenção de outros homens. Foi assim que ela entrou em um círculo vicioso de ir procurar amor nos lugares mais equivocados. Meu pai seguiu o exemplo e passou a traí-la em todas as ocasiões — essa é a receita de um desastre anunciado. No final, a mútua inclinação para a infidelidade era a única característica que tinham em comum.

Tanto quanto posso lembrar, nunca me senti amada, nunca me senti pertencendo a uma família. Meus pais perdiam tanto tempo brigando, um tentando provar que era o outro que estava errado, que simplesmente não tinham tempo para mim nem paciência. Contaram-me que, durante os primeiros meses após meu nascimento, eu me esquivava de qualquer contato com minha mãe. Dado que atualmente sou uma pessoa completamente afeita ao toque, só posso pensar que minha mãe cuidava de mim com raiva e estresse, o que me fazia rejeitá-la. Quando eu ainda tinha poucos dias de vida, meu avô Simon me encontrou com a fralda suja, faminta e berrando. Resolveu contratar uma babá para ajudar minha mãe, que se recusava a me tocar. Mais tarde vim a saber que ela tomava medicação controlada e atualmente acredito que até podia estar sofrendo de uma possível depressão pós-parto que parece nunca ter sido curada.

Pelo fato de eu ser uma criança que veio à luz em um mundo de dor emocional e total falta de cuidado, não demorou muito, e logo fui apresentada ao terror da dor física. Fui internada mais de uma vez por conta de um ombro deslocado e outras contusões e ferimentos. Quando minha irmã nasceu, eles passaram a dar preferência a ela, chamando-a de "linda". Para horror de meus parentes, o abuso de que eu era vítima só aumentou. Tempos depois, a irmã de minha mãe, minha adorada tia Varda, contou-me o quanto era difícil para os membros da família se darem conta de que uma criança de seu respeitado clã tinha uma infância tão brutal, tão *à la* Dickens.

Tia Varda morava em um moshav (um condomínio constituído de chácaras) e possuía muitos animais. Quando eu ainda era bem pequena, meus pais resolveram decretar que eu era alérgica a cães e se recusaram a me dar um. Por isso, certo dia, tia Varda me levou para ver sua incubadora de ovos e me deixou escolher um. Quando ele chocou, ela me deu o pintinho, e eu o levei para casa comigo. Devia ser engraçado ver uma menininha bem magra com uma coleirinha fina na mão, passeando orgulhosamente com seu pintinho rua afora. Esse foi o ponto máximo a que cheguei em minha busca de ter um cão.

Meu próximo bichinho de estimação foi uma gata desgarrada que aparecia todo dia em nosso quintal. Sem que meus pais soubessem, passei a cuidar dela. Quando vi que sua barriga estava crescendo, passei a cuidar para que ela bebesse leite fresco todo dia. Ela teve uma ninhada de cinco gatinhos atrás de um arbusto do jardim, mas abandonou seus bebês poucos dias depois. Não conseguia acreditar que ela tivesse feito aquilo. Cuidei dos gatinhos o melhor que pude, e eles sobreviveram. Porém quando contei de sua existência a meus pais, eles disseram que eu teria de me livrar deles. Percorri nossa rua de cima abaixo com os gatinhos miando na cesta de compras de minha mãe. Por fim, achei um lar para todos eles, mas naquele momento, mais que nunca, queria ter um bichinho de estimação só para mim.

Não havia esperança de uma vida feliz em minha família, visto que as excursões extraconjugais de meus pais arruinaram qualquer chance de paz em nossa casa. Freqüentemente eu ficava no meio do fogo cruzado por conta disso. Toda vez que meu pai ameaçava ir embora, ele pegava sua mala azul, jogava algumas mudas de roupa ali dentro e, enquanto gritava palavrões contra minha mãe, ia andando para a porta da frente. A próxima coisa eu já sabia: minha mãe me empurrava contra a porta para impedir meu pai de sair. Deitada no chão, eu choraria até não ter mais lágrimas, suplicando a meu pai que não me deixasse sozinha com minha mãe.

Meu pai não era um monstro emocional como minha mãe, mas permitia que ela me causasse dor. E, com muita freqüência, era ele quem distribuía as surras, obedecendo às ordens dela. Em retrospecto, foi estranho me dar conta de que meu antigo tenente-coronel pai, considerado inicialmente tão corajoso, fosse tão covarde. Em vez de enfrentar minha mãe e de resolver as questões deles, era mais cômodo para ele pôr a culpa dos problemas conjugais deles em mim.

A minha mãe nunca faltaram idéias para me forçar a "me comportar". Quando eu não queria almoçar, ela me fazia tirar toda a roupa e me trancava fora de casa com um prato de comida. Ali, à vista de todas as pessoas que passavam, eu me agachava na porta da frente, tentando esconder meu corpo nu da rua. E enquanto não mostrasse a minha mãe que tinha comido todo o almoço (que geralmente eu jogava nos arbustos das casas dos vizinhos), ela não me poupava de toda aquela humilhação.

Lembro de meus 9 anos, quando tive um ataque de asma bastante severo no meio da tarde no sofá da sala. Certa vez, um médico afirmou que meus problemas eram psicossomáticos. Minha mãe passou a achar que eu estava fingindo. Enquanto eu lutava para respirar, chocada demais para poder chorar, minha frustrada mamãe, berrando para que eu parasse de fingir, agarrou-me pelos cabelos e arrancou vários tufos de minha cabeça.

Para escapar de uma vida familiar abusiva e fechada, fui buscar refúgio junto a meus amorosos avós maternos. Minha avó amava cozinhar. Passei muitas horas felizes com ela na cozinha, fazendo comida. Ela me ensinou a pintar e a fazer arranjos de flores e me levou a museus para admirar obras de arte. Meu avô, o patriarca de nossa família, tinha sete irmãos mais novos que ele, e todos partilhavam, felizes, uma única conta bancária. Ele era um homem muito talentoso, que deu início a alguns empreendimentos que deram muito certo depois que ele e sua família foram para Israel, fugindo de uma Europa devastada pela guerra. Amei meu avô mais que a qualquer outra pessoa em minha vida, mas quando eu tinha 9 anos, ele sofreu um ataque cardíaco. Lembro-me de estar sentada fora do quarto de hospital em que ele estava internado em Jaffa, olhando para aquela imensa bola laranja do sol poente, pedindo a Deus que o salvasse para que eu não ficasse à mercê de meus pais. Mas ele morreu e eu fiquei em grande conflito com Deus.

E para ajudar as coisas pioraram muito depois da abertura do testamento de meu avô. Minha mãe deveria receber uma grande fortuna, mas por causa dos maus-tratos que meus pais me infligiam, a parte deles na herança foi suspensa até que eu completasse 18 anos. Meu avô quis se assegurar de que eles não me abandonariam, todavia o ressentimento deles em relação a mim só fez aumentar.

Minha mãe começou a me levar a psiquiatras, tentando arranjar um motivo para me internar em alguma clínica. Lembro-me de estar, com meus pais, num consultório escuro de um psiquiatra, sentada em uma cadeira de veludo verde. O médico estava sentado em sua mesa de trabalho e meus pais, sentados em cadeiras de madeira, dizendo-lhe como eu era terrível. Não pude dizer uma única palavra, até o momento em que o psiquiatra disse que queria conversar a sós comigo. Meus pais pareciam aborrecidos quando tiveram de sair, porém eu me senti aliviada. Dei um longo suspiro e, da maneira mais coerente com que pode se expressar uma menina de 6 anos de idade, expliquei a ele o que se passava em nossa casa e o modo como eu era tratada. Depois disso, o médico disse a meus pais que eu era perfeitamente normal e se recusou a autorizar minha internação. Eles ainda me levaram a uns dois outros psiquiatras, mas suas tentativas sempre acabavam do mesmo jeito.

Por fim, minha mãe ficou tão frustrada que me levou direto a uma clínica psiquiátrica e tentou me internar lá. Lembro-me das paredes brancas e do cheiro acre da recepção. Felizmente o psiquiatra que fazia as entrevistas pré-internação se recusou a me confinar. Hoje, toda vez que vou a um abrigo para cães, conheço a dor horrenda e o estresse pelos quais passa um cão ao ser levado para um lugar estranho. Procuro fazer o melhor que posso para encontrar pessoas boas que queiram adotar esses cães, porque eles merecem ser amados e tratados com carinho.

Quanto eu tinha 12 anos, meu pai finalmente abrandou e me surpreendeu ao trazer Lori para nossa casa, um dachshund, sua raça favorita. Entrei em êxtase e me apaixonei imediatamente! Lori era como um irmão para mim; até hoje mantenho reservado em meu coração um lugar acolhedor para os dachshunds, mais que para cães de qualquer outra raça. Mas tremo só de lembrar na forma terrível como o doce e amável Lori era tratado.

Meus pais o ensinaram a fazer necessidades fora de casa golpeando seu nariz com um jornal. E no dia em que o pobre filhote roeu inocentemente os fios do aparelho de som estéreo de meu pai, ele o agrediu violentamente. Eu não sabia que havia outro modo de tratar os cães. Depois que Lori era disciplinado e humilhado, eu o levava para minha cama e, abraçando-o, fazia-o dormir. Agora posso ver que meus pais adestraram Lori do mesmo modo que me criaram.

Minha vida mudou quando me alistei no exército. Nada me ajudou a construir minha forma interior tanto quanto meu serviço militar, no qual todos os israelenses, homens e mulheres, ricos ou pobres, devem se alistar ao completar 18 anos. Ninguém recebe tratamento especial, e cada degrau na escada para o sucesso é duramente galgado e requer enorme concentração e foco. Assim que me alistei, decidi que queria me tornar oficial de inteligência. Contudo, o processo até alguém se formar oficial não é para os tímidos de coração.

Milhares de moças se inscreveram para a formação de oficiais. Depois de dormirmos em barracas sob uma chuva congelante e de passarmos por testes de inteligência e muitos outros testes de liderança, seis de nós passamos. O último teste era o menos fisicamente desafiador, mas era, sem dúvida, o mais exigente do ponto de vista emocional. Fiquei de pé diante de 15 oficiais graduados e, assim que sorri e disse "bom dia", eles começaram a tentar me fazer perder o controle e a me fazer chorar. Eles me criticaram e zombaram de mim de todos os modos, e eu me lembro de ter contra-atacado em todas as respostas sem jamais perder a calma. Quando aquele calvário acabou, vi que tinha passado pela prova de fogo. Nunca desisti.

Certo dia o comandante da base militar da unidade de cães me deu permissão para observar o treino dos cachorros. A idéia de dobrar a têmpera de um animal para fazê-lo adquirir disciplina era muito popular à época, e eles usavam o que depois eu passaria a chamar "métodos da inquisição espanhola" — colares de espinhos, enforcadores, pancadarias, empurrões e muito mais, até mesmo suspender o cão pelas patas dianteiras e forçá-lo a ficar de pé durante horas, firmado em suas fracas patas traseiras. E quando, afinal, eles liberavam o cão, ele podia até ter um colapso ao cair no chão. Ele fora forçado à submissão, e o resultado era um cachorro confuso, amedrontado, mau e até mesmo furioso. Eu tinha vontade de gritar:

— Parem com isso já! Cachorros têm sentimentos como vocês.

Percebia claramente que aquilo que estavam fazendo era errado, mas não sabia o que fazer a respeito.

Agora compreendo que as tribulações de minha infância e meu treinamento para ser oficial de inteligência fizeram de mim o que sou hoje — uma incansável defensora de animais inocentes que não têm voz nem ninguém que tome seu partido. Assim como no famoso relato budista no qual a flor de lótus cresce atravessando a lama para se abrir à luz do sol, as coisas horríveis pelas quais passei me fizeram perceber claramente minha missão: a de ser a voz daqueles que não têm voz própria.

CAPÍTULO QUATRO

Meus dois "filhos"

Permitam-me nesse momento apresentar-lhes aqui meus garotos, Clyde e Duke, aos quais amo apaixonada e incondicionalmente.

Ganhei Clyde, um mestiço de dobermann, de um amigo veterinário:

— Há um cachorro aqui que precisa muito de você, Tamar — foi o que ele me disse ao telefone.

Meu coração gelou. Três semanas antes tive de sacrificar Michaela, minha mestiça de rhodesian ridgeback, e ainda estava de luto pela perda. Respondi a ele:

— Acho que é muito cedo.

Ele insistiu:

— Ele é exatamente o tipo de cachorro de que você gosta. Tem pêlo curto e orelhas caídas e, acima de tudo, realmente necessita de você.

Não foi sem relutância que me dirigi à clínica veterinária, acompanhada de meu amigo Tom; não resisti a ver o cão, mas estava decidida a *não* levá-lo para casa por nada nesse mundo. Ainda lamentava a perda de Michaela e não sabia se estava pronta para abrir meu coração a outro cachorro. Mas, então, o pobre garoto foi trazido. Com aquele jeitinho de filhote de 10 meses, ele se deitou com as patas para cima, rolou no chão e fez xixi por todos os cantos. Estava assustado com A maiúsculo. Meu coração se derreteu e, embora não estivesse certa de que poderia reunir a energia e o entusiasmo necessários para ganhar a confiança dele, acabei levando-o para casa. Quando o pus no carro, seu medo aumentou tanto que ele começou a babar descontroladamente.

Havia poucas semanas, alguém o jogara para fora de um carro em alta velocidade no meio de uma via expressa. Foi um milagre ele não ter sido atropelado. Felizmente, um passeador de cães testemunhou o crime e o recolheu para levá-lo ao veterinário. Naquele dia, enquanto meu amigo dirigia e eu me acomodei com Clyde no banco de trás, ele entrou em pânico e, de repente, tentou pular pela janela do carro em movimento. Agarrei-o pelas patas traseiras, puxei-o para dentro e, dali por diante, durante um bom tempo, não se abria nem uma frestinha de janela toda vez que Clyde estivesse no carro. O ar-condicionado era nossa única fonte de ar fresco!

Eu morava perto de um lago e levava Clyde para nadar todos os dias. Também o levava para caminhadas diárias, e ele parecia realmente gostar de sair. Ainda estava muito amedrontado para enfrentar qualquer treinamento formal, mas quando mostrei a Clyde uma bola de tênis, ele demonstrou grande capacidade de brincar de resgatá-la. Toda vez que ele pegava a bola no ar e a trazia para mim, eu fazia o maior espalhafato, como se ele tivesse acabado de ganhar a medalha de ouro dos jogos olímpicos caninos. Ensinei a ele o nome de sua amiga, Ruby, uma cachorra vizinha com a qual ele adorava brincar. Dava a ele diversão, alegrava-o e comecei a lhe ensinar nossa língua. Repetia a palavra "busca" quando jogávamos bola. E ele me ensinou uns jogos com bola que inventou. E assim eu ia me transformando na mãe mais orgulhosa do mundo! Eu o estava ajudando a construir sua auto-estima do mesmo modo como se faz com um bebê. Aos poucos, íamos desenvolvendo uma compreensão mútua, e estava me apaixonando por ele — foi quando ele caiu gravemente doente.

Certa manhã, quando joguei a bola, ele se mostrou completamente alheio. Normalmente, isso não seria motivo de alarme, mas Clyde sempre tivera obsessão por bolas de tênis. Logo vi que algo estava errado, e me apressei a levá-lo ao veterinário. Depois de alguns exames preliminares, ele recebeu alta com um atestado de perfeita saúde. Fiquei confusa, até que percebi que ele estava expelindo sangue com a urina. Outro veterinário descobriu anemia hemofílica, uma doença do sangue quase sempre letal para cães. Fomos parar no consultório de um veterinário especializado, o dr. Feldman, que internou Clyde em uma bem avançada tarde de sexta-feira.

Ele pôs Clyde no soro para um tratamento intravenoso e fez transfusões de sangue. Fiquei com Clyde durante todo o fim de semana e todos os dias posteriores à internação, vendo-o transformar-se em pele e osso. Chorei e rezei, os amigos dele e os meus vieram visitá-lo e, então, começou a acontecer um milagre: certo dia do mês seguinte, as plaquetas sangüíneas dele atingiram um nível seguro o suficiente para que ele recebesse alta e eu pudesse levá-lo para casa. Ainda não estava curado. Quase não podia erguer a cabeça. Comecei a cozinhar comida orgânica para ele, passei a levá-lo para fazer acupuntura e a permitir que ele assistisse a seus amigos cães brincarem juntos.

Algumas semanas mais de alimentação saudável e de tratamentos (e 34 mil reais depois), tive meu garoto de volta, forte e saudável. Hoje, com quase 9 anos, ele me acompanha quando vou fazer palestras em escolas e assume com toda a seriedade seu papel de assistente da professora. Todo mundo se admira com o fato de ele parecer ser quase humano, tão jovial e brincalhão ele é. Todas as manhãs, Clyde ainda vem me dar bom dia — de prontidão, com a bola na boca, pronto para brincar. Ele não guarda rancor, dá provas de amor constante e traz compensação a uma sociedade que literalmente o jogou fora. Eu brinco com ele, dizendo-lhe que ele precisa amortizar os custos de seu tratamento médico vivendo 50 anos. E todo dia agradeço a Deus por não tirá-lo de mim.

Meu segundo cão, Duke, era originalmente chamado Elmo. A história dele é outra tragédia com final feliz. Eu pedira a alguns amigos que me pusessem em contato com a Covenant House, na qual eles estavam desenvolvendo um ativo trabalho voluntário. A Covenant House é uma rede de atendimento gratuito a menores e que fornece abrigo e serviços à juventude sem lar. Ela é financiada com recursos privados e não tem fins lucrativos. Eu criara um programa para ser desenvolvido lá: menores sem teto treinariam cães sem teto. O objetivo final era contratar esses garotos para trabalharem como treinadores de cães em meu estabelecimento, assim como em outras instalações da Covenant House.

Quando fui a um abrigo para achar o cão ideal com o qual trabalhar na Covenant House, levei minha grande amiga, Tania, para assegurar que eu pegaria apenas um cão. No abrigo, vi Elmo. Mestiço de pastor alemão com labrador, ele era bonitão: pêlo dourado, orelhas retas, grandes olhos castanhos e um sorriso constante. Mas quando o vi andar, percebi que suas patas traseiras eram deformadas.

Radiografias demonstraram que as patas de Elmo tinham sido deliberadamente quebradas antes de ele ser resgatado e trazido para o abrigo. Cães como ele — lindos e de temperamento dócil — normalmente eram selecionados de imediato nas adoções de cães. Mas Elmo fora deixado de lado porque ninguém queria um cão de 2 anos deficiente. Ele era o cão perfeito para a Covenant House. Peguei-o imediatamente.

Os quatro garotos que estavam em meu programa reuniram-se em uma sala com Elmo e comigo, encontrando-o e acariciando-o pela primeira vez. Sugeri que mudássemos seu nome, algo que sempre faço com animais resgatados que provêm de um passado de abusos. Eles podem começar de novo e responderem a um nome desprovido de associações negativas. Cada criança escreveu um nome em um pedaço de papel. Pus os nomes em uma vasilha, mexi e esvaziei a tigela no chão. Elmo foi direto na direção do papel com o nome "Duke" escrito. Foi assim!

Quando o programa se encerrou, levei Duke para casa até conseguir um lar permanente para ele. Sentia-me feliz com Clyde, que adorava ser filho único; eu realmente não queria ter dois cachorros. Clyde ia para todos os lugares comigo — visitar amigos e até mesmo ao salão de beleza —, e eu não queria mudar isso. Por um lado, não queria incomodar ninguém aparecendo com dois cachorros em vez de um só, mas por outro, não podia simplesmente deixar Duke em casa. Resolvi ficar com Duke e sair com ele em situações cotidianas, e ele se comportou de maneira maravilhosa. Atualmente, Clyde aceitou fazer parte de uma família maior, e Duke adora seu irmão mais velho.

Clyde é o cão alfa para Duke, não apenas porque está comigo há mais tempo ou é mais velho. Clyde domina por causa de sua personalidade franca e simples. Todos os cachorros têm diferentes personalidades. Vi pessoas cujos primeiros cães eram tão incríveis que elas adquiriam outros da mesma raça apenas para descobrir que os segundos cães não eram nada parecidos com os primeiros. Cada cão é um indivíduo, assim como todo dono é um indivíduo, com sua personalidade, gostos e aversões. Clyde é um líder nato, ao passo que Duke não se sente infeliz em vir por último — na maior parte das vezes.

Duke é particularmente bom na resolução de problemas, o que é perfeito quando ele quer algo que pertence a Clyde. Quando Clyde está com a bola e não quer largá-la, Duke corre para o prato de Clyde e finge que vai comer a ração dele. Clyde imediatamente larga a bola e se precipita para garantir seu domínio sobre sua tigela de ração, e Duke decola para confiscar a bola. Isso é o que chamo de capacidade de resolução de problemas em alto nível, e sou uma mãe orgulhosa — mesmo que isso não tenha absolutamente nada a ver comigo!

CAPÍTULO CINCO

Dor e prazer

Até hoje, conheço vários adestradores muito respeitados que usam a exaustão até o nível da irracionalidade para domar o espírito de um cachorro. Um método muito comum é amarrar os cães a um mecanismo giratório e forçá-los a movê-lo até que cheguem ao total esgotamento. A essa altura, tudo o que interessa aos cães é sobreviver.

Nunca se deixe enganar quando um adestrador chama um enforcador de "coleira". O nome pode soar mais bonito, mas se trata do mesmo método violento de antigamente de sufocar um cão até que ele se submeta aos comandos que lhe são dados. Vi esses tais adestradores dizendo aos proprietários de cães que passar pimenta no focinho de um cão é o melhor modo de corrigir comportamentos indesejados. Outros, por sua vez, forçam os cães a ficarem deitados com as patas para cima, posição conhecida como de submissão ao alfa, amedrontadora e desnecessária. Gostaria que esses torturadores, disfarçados de treinadores e que são muito indolentes para realmente aprenderem algo sobre o comportamento canino, decorassem as palavras de Mahatma Gandhi: "Oponho-me à violência porque, quando ela parece produzir o bem, o bem é apenas temporário; o mal produzido é permanente".

Você tem de ser mais inteligente que seu cão, não mais durão. Se você pensa que ser durão funciona, experimente adestrar um rato para correr em uma competição de *agility*. Ou tente treinar uma galinha a seguir uma pessoa, como eu fiz. Ser rígido e dominador não o levará a lugar nenhum. Comparado a trabalhar com esses animais, treinar um cão é moleza, porque ele realmente *quer* cooperar e o perdoará quando você não estiver sendo claro e objetivo. Se seu cão não quiser se deitar na hora em que você ordena, apertar o pescoço dele e começar a empurrá-lo só fará com que o nível de interesse dele diminua ainda mais. Classifico esse comportamento de inteiramente desnecessário porque ensinar seu cachorro a deitar é realmente muito fácil — e quando você fizer isso adequadamente, ele não vai *querer* nem mesmo se levantar! Quando você treina seu cão usando meu método, The Loved Dog, seus desejos se tornarão o comportamento favorito de seu cão, porque ele vai associá-los com o prazer máximo — e não com a dor.

A Submissão ao Alfa

Há um método de adestramento chamado submissão ao alfa no qual alguns adestradores ainda confiam plenamente. Ele é indicado quando um cão se torna muito agressivo ou tenta assumir a liderança do relacionamento: você deve se deitar no chão e usar suas mãos e seu corpo para segurar seu cão deitado de costas, de modo que, sob seu peso, ele fica imobilizado. Depois, a partir dessa posição assustadora, o adestrador deve olhar bem dentro dos olhos do cão até que ele se submeta.

Isso funciona? Pergunte a minha amiga Michelle, uma canadense cujo jack russell terrier se retesava todo sempre que ela se aproximava de seu prato de ração. Em vez de, sistematicamente, treinar seu cão para aceitar sua presença (como descrevo no capítulo nove), ela seguiu as instruções de um adestrador para fazer a submissão ao alfa e prender seu cão no chão quando ele latia para ela. Ela me procurou um dia, quando estava voltando do pronto-socorro, depois de seu cachorro apavorado tê-la mordido.

As pessoas me dizem que a submissão ao alfa é natural e que um cão ou um lobo alfa usam essa mesma técnica para instaurar a obediência entre outros membros da matilha. Mas isso não é verdade! Você pode ver uma foto de um lobo submisso deitado de costas e com as patas para cima diante de um lobo hierarquicamente superior. No entanto se você visse a seqüência de acontecimentos ocorridos anteriormente, compreenderia que ninguém obrigou o lobo àquela posição subalterna. Ele a assumiu por si mesmo, porque estava brincando ou buscando a aceitação de seu líder.

Dissipando Mitos

Diferentes espécies de animais estão completamente sintonizadas com a forma com que nós as enxergamos e tratamos, e eles geralmente têm sentimentos, preferências e opiniões muito claros. Certa vez acompanhei alguns novos amigos ao norte da Tailândia. Fomos passar alguns dias com tribos locais. Estava muito animada quando chegou a hora de subir no cesto de vime para fazer meu primeiro passeio de elefante. Adorei quando me acomodei no lombo do elefante, mas enquanto eu observava os insetos exóticos que povoavam as ramadas mais altas das árvores, meu elefante, de repente, ergueu a tromba acima de sua cabeça, virou-a para mim e espirrou, melecando-me toda com catarro de elefante. Ele fez isso várias vezes — deixando claro o que ele sentia e o que pensava de uma turista estrangeira montada nele. Pode acreditar que ouvi e senti isso em alto e bom som!

Treinar cães sem abuso e sem dor supõe que o dono compreenda melhor a natureza e as motivações subjacentes de seus animais. Em vista disso, precisamos desfazer dois mitos populares.

O primeiro é aquele que diz que animais não têm sentimentos. Por mais elementar que isso possa parecer, você poderia ficar chocado ao saber quantas pessoas não compreendem que os cães têm uma completa gama de emoções, que são muito similares às dos bebês. Os cães sentem a perda, a alegria e o desapontamento; eles ficam obcecados e adoram surpresas e brincadeiras. Embora estejam sempre dispostos a perdoar, eles se lembrarão das coisas. Toda vez que Clyde ouve o som de uma motocicleta, baixa as orelhas e corre para se esconder em algum canto. É óbvio que algo em seu passado o ensinou que a visão e o barulho de motocicletas são coisas negativas ou perigosas.

O segundo mito é que os cães farão de tudo para agradar a seus donos. A verdade é que cães farão qualquer coisa para agradar *a si mesmos*. Se essas coisas também agradam a seus donos, isso não passa de um efeito colateral. Depois de ter trabalhado com milhares de cães no decorrer de muitos anos, compreendi que a força impulsionadora que há por trás do comportamento de todos eles é uma associação de dor e prazer. Se você entende e alinha suas próprias necessidades pessoais com as necessidades deles, então eles *farão* de tudo para agradar a você. Assim como os seres humanos, um cão sempre busca o prazer e tenta evitar a dor.

Por vezes, a distância entre aquilo que seres humanos e cachorros consideram prazeroso é muito grande. Você não revolveria um cadáver de um animal em putrefação por dinheiro nenhum no mundo, certo? Mas, para um cachorro, uma carcaça fedorenta tem um perfume melhor do que um Chanel n. 5. Isso parece impossível (e nojento), mas a verdade é que esse cão tem muito prazer com isso e parar tem o sabor de frustração. Não estou sugerindo que você deixe seu cão andar por aí revirando latas de lixo e cadáveres de animais só porque ele adora fazer isso. Estou sugerindo que se você quer que ele abandone algo que considera um comportamento prazeroso, trate de achar algo ainda mais tentador com que distraí-lo. É de sua responsabilidade, como dono de um cão, compreender as necessidades e desejos dele como cão e prover para ele alternativas saudáveis.

Os golden retrievers de Oprah Winfrey são três dos meus cães favoritos. Eu os conheci quando tinham apenas três meses de idade, logo depois que Oprah os admitiu em sua família ampliada. Tive o privilégio de treiná-los e de educá-los nas várias fases de suas vidas. Um deles, Layla, é uma grande aventureira que poderia ter sido a líder da Outward Bound* se fosse humana. Eu costumava chamá-la de Layla Cousteau porque, em toda ocasião em que fosse possível, ela mergulhava no lago de olhos abertos em busca de peixes! Ali ela se sentia em um mundo todo seu, e quando alguém tentava tirá-la da água, ela se fazia de surda. O lago era para ela uma espécie de céu dos cachorros, e não havia súplica, rogo ou ameaça que a fizesse querer sair. Quando entendi o tamanho de sua obsessão por mergulho e exploração, vi que se ela fosse deixada por conta própria, ficaria ali dias e dias; e isso seria muito frustrante para Oprah e não faria muito bem à saúde de Layla.

Quando treino um cão, tento sempre o método mais fácil antes, ou o caminho da menor resistência. Se isso não funcionar, vou colocando em prática outras idéias. (Um dos grandes achados de meu treinamento militar foi aprender a nunca contar apenas com um plano A. Aprendi a sempre ter planos B, C e até mesmo D na manga.) Visto que Layla achava que deixar o lago era uma experiência dolorosa, precisei ensiná-la a *querer* sair. Comecei pondo uma isca de frango (a medalha de outro entre os petiscos) em minha mão, pegando Layla pela guia e levando-a para o lago. Dando-lhe a isca, eu lhe dizia:

— Pegar, pega, pega! — E ela saía mastigando alegremente.

Depois, eu pegava uma isca de fígado (medalha de prata) e a jogava no lago.

---

* A Outward Bound é uma organização educacional, pioneira mundial em educação experiencial ao ar livre. Atuante em mais de 30 países e com várias décadas de história, atua no desenvolvimento humano de jovens e adultos, despertando valores como confiança, espírito cooperativo, liderança e responsabilidade pessoal, social e ambiental. Presente no Brasil desde 2000, a Outward Bound oferece cursos, tanto em áreas naturais como urbanas, a jovens e adultos em diferentes esferas e ocupações, impelindo-os a realizar seu potencial além do que imaginam e inspirando-os a melhor servirem aos outros e à comunidade. Com padrões de segurança e resultados reconhecidos internacionalmente, a OBBrasil oferece cursos voltados a públicos diversos como executivos, educadores, estudantes, jovens carentes ou em situação de risco social. [N. do T.]

— Mergulhe, mergulhe — eu dizia a Layla. E nem era preciso pedir duas vezes! Ela voava para a água em busca da isca.

Depois que ela nadava durante alguns minutos, eu balançava a medalha de ouro em meus dedos e a atraía dizendo:

— Pega, pega!

Layla hesitava. Eu podia ver sua mente fervilhando: "Que devo fazer? Eu gosto muito desses petiscos". Ela cedia e dava um passo rumo à beira do lago. Quando estava completamente fora d'água, eu lhe dava um monte de iscas de galinha acompanhadas das palavras "pega, pega!", usando o tom de voz mais convincente para elogiá-la, como se ela tivesse acabado de ganhar a Copa do Mundo. Depois, para surpresa de Layla, eu jogava uma isca de prata no meio do lago e dizia:

— Mergulhe, mergulhe — e ela voltava correndo para o lago. Naquele dia, ela entrou e saiu do lago toda as vezes em que pedi — com a ajuda de algumas iscas maravilhosas, do tom de felicidade em minha voz dizendo "pega!" e de meus braços completamente abertos simbolizando uma grande recompensa. Em uma escala de um a dez, ganhar um monte de iscas classe ouro e ainda ter permissão de voltar a mergulhar no lago atingia o nível onze! As explorações do lago feitas por Layla deixaram de ser um problema, visto que ela sai do lago feliz quando se pede que saia.

O que fiz com Layla foi um exercício saudável de modificação de um hábito que foi útil para nós duas. Meu desafio era levá-la a entender que a diversão não ia acabar quando ela saísse do lago. Com meu método, voltar a terra firme deixou de ser um pesadelo para se transformar em recompensa. Layla, por fim, entendeu que sair do lago não era uma punição ou o fim de seu recreio. Era como se eu pudesse ver seu cérebro registrando isso e, depois, ela mesma passando a agir diferentemente porque assim o queria e não porque estivesse com medo. Eu simplesmente alinhei sua associação de prazer com aquilo que *eu* queria, e ela começou a sair da água toda vez que era solicitada a fazê-lo.

Certa manhã fui chamada à entrada do The Loved Dog Center para conhecer uma rottweiler chamada Cherokee. Seus donos, um casal muito simpático, disseram-me que ela tinha medo de tudo, e entendi tudo quando vi que lhe faltava um dedo. Ela fora vítima dos abusos de um adestrador, que aplicava choques elétricos em seus dedos e só parava quando ela obedecia. Com o tempo, ela finalmente foi resgatada por aquela família maravilhosa, mas foi preciso amputar-lhe um dedo porque as terminações nervosas tinham ficado destroçadas. Ela passava grande parte do dia confinada em uma gaiola em um centro de "adestramento", outra forma de abuso. Cherokee ganhou meu coração, e eu mesma comecei a treiná-la. Apesar de Cherokee não ser agressiva, sua situação era mais urgente por se tratar de uma rottweiler, uma raça que é quase sempre mal-entendida.

Você já se sentiu completamente desconfortável em um coquetel até encontrar uma pessoa interessante com quem conversar? Vi que ter um amigo ajudaria Cherokee a passar pelo processo, contudo ela estava assustada demais para se aproximar de outro cão e fazer amizade do modo como a maioria dos cães fazem naturalmente. Eu tinha de ser criativa. Depois que dei banho em Cherokee com amor e que ela passou a confiar em mim, fui para o passo seguinte da Operação Cherokee. Espalhei mel em torno de sua boca e a apresentei a Ginger Bosley, uma cadela muito fácil de lidar e da qual achei que Cherokee realmente iria gostar.

Quando as duas cadelas foram apresentadas uma à outra, Ginger se deitou no chão e permaneceu em uma atitude submissa, fazendo Cherokee entender que Ginger não era nenhuma ameaça. Cherokee deu um latidinho e começou a examinar Ginger. Quando Ginger farejou o mel, começou a lamber a boca de Cherokee, e elas logo fizeram amizade! Eu me senti uma orgulhosa "cupido canina". Apoiada por uma boa amiga e uma treinadora não-violenta, Cherokee começou a ser curada. Seu medo se dissipou, e as duas cadelas partilharam uma amizade fantástica por muitos e muitos anos.

Tanto no caso de Layla como no de Cherokee, tive de compreender o que fazia cada cadela se apegar antes de poder estabelecer um laço com elas e treiná-las. Os medos e desejos de cada cão são próprios de suas personalidades, mas também necessitamos estar conscientes das sete necessidades básicas comuns a todos os cães.

CAPÍTULO SEIS

As sete necessidades básicas

É fundamental entender que uma *necessidade* não passa disso — uma necessidade, não uma preferência ou um desejo. Necessidades são algo sem que um cão não pode passar, ou sua qualidade de vida — mental, emocional e física — se deteriorará. Durante tantos anos trabalhando com cães e suas famílias, na tentativa de solucionar ou de prevenir problemas, descobri que quaisquer que sejam seus tamanhos, vivam eles em apartamento ou em uma casa com quintal imenso, por mais diversas que suas rotinas diárias possam ser, todos os cães no mundo todo têm as mesmas sete necessidades básicas. Um beagle pode gostar de farejar mais que um shih tzu, um labrador pode gostar de brincar mais que um shar-pei chinês, mas suas necessidades básicas são as mesmas.

Os cães oscilam para aquilo que chamamos "problemas de comportamento" quando qualquer uma de suas necessidades deixa de ser atendida. Essas sete necessidades são interligadas e são pré-requisito para que se possa criar um animal íntegro e saudável. Se qualquer uma dessas partes essenciais estiver faltando, o sistema entrará em colapso, não importando que todas as demais estejam bem atendidas.

As sete necessidades básicas de um cão, e não em ordem de importância, são as seguintes:

1. SENSO DE SEGURANÇA
2. COMPANHEIRISMO

3. COMPREENSÃO DA HIERARQUIA
4. SURPRESAS/ANIMAÇÃO
5. RAÇÃO E EXERCÍCIOS
6. ESTIMULAÇÃO MENTAL
7. AMOR E VINCULAÇÃO

1. Senso de Segurança

Assim como as pessoas, os cães anseiam por segurança, algo que se situa no núcleo mesmo de sua sobrevivência. Assim como acreditamos na afirmação de que o chão não sumirá debaixo de nossos pés, nossos cães têm a necessidade de poder contar conosco. Eles saber que, ao se aproximarem de nós, serão elogiados e ganharão um petisco, um brinquedo ou um pouco de carinho.

Seu cão faz a experiência de profunda segurança por meio de uma rotina estável — suas atividades diárias, o modo com que sua própria família o trata e a forma de ele interagir com o mundo. Ele só poderá se sentir confortável para fazer coisas novas se puder beber de um poço fundo de segurança. E todo treinamento é, em última instância, a introdução de novas experiências e comportamentos.

Quando o comportamento de um dono é imprevisível, o cão fica confuso. Se você o chama e, quando ele vem, o repreende por algo que ele fez dez minutos atrás, ele não entenderá seu comportamento e não se sentirá lá muito inclinado a se aproximar de você da próxima vez. A partir de então, cada vez que ele o ouvir chamando seu nome, ele vai parar, olhar atentamente para avaliar o estado de espírito de seu dono e freqüentemente decidirá tomar a direção *oposta*.

Antes de podermos relaxar e curtir nossas vidas, muitos de nós necessitam de estrutura e de ter a certeza de que nossas necessidades básicas serão atendidas. Se você já teve medo de perder o emprego, sabe bem como é difícil se concentrar em qualquer outra coisa. Agora, imagine se você tivesse de viver em um estado de incerteza — não por uma semana ou por um mês, mas pela vida toda. Essa é a situação de um cão a quem é negada uma rotina estável. Dada a importância da previsibilidade na vida de um cão, introduzir uma nova exigência ou exercício, de início, lhe causará confusão. De fato, sempre que você se der conta de que seu cão está tendo um repentino problema de comportamento, isso quase sempre decorre de uma mudança que está sendo feita na rotina dele sem que isso lhe tenha sido claramente comunicado.

Faz pouco tempo, ajudei minha amiga Melissa a ensinar *agility* a seu doce mestiço de rottweiler, Spencer. No The Loved Dog Center temos um curso de *agility* no qual os cães podem se divertir com seus donos enquanto brincam em um ginásio canino em forma de floresta. Parte do curso é dada em uma estrutura de madeira em forma de A, que tem cerca de 1,20 m de largura, com degraus de um lado e de outro. O cão escala os degraus de um lado e, quando chega ao topo, escorrega para o chão pelo outro. Quando ele está a quase 30 cm do chão, nós lhe damos o sinal de parar. É aí que entra o controle extra, e quando ele faz isso com sucesso, ganha petiscos, elogios e pontos na competição de *agility.*

Spencer sempre foi um campeão em *agility*, e Melissa teve muito sucesso em ensiná-lo a fazer a parada de emergência. Um dia, porém, notei que Spencer se recusava a usar o equipamento com estrutura em forma de A. O que mudara? Melissa me disse que tinha levado Spencer para participar de uma competição de *agility* durante a semana. Até aí tudo bem, mas o que não tinha sido legal é que o adestrador insistira com Melissa para usar um método baseado em violência para dar o sinal de parada a Spencer. O treinador queria que Melissa erguesse a mão e gritasse "Pare, pare!" em um tom alto de comando, bloqueando-o com o próprio corpo. Tentando agradar o adestrador, Melissa concordou e começou a usar uma atitude e uma voz mais rudes.

Quando ela tentou parar de repente um cachorro de cerca de 40 quilos que vinha correndo alegremente usando uma linguagem corporal violenta e intimidadora, o tiro saiu pela culatra. Spencer se confundiu e errou e, depois, recusou-se a voltar ao equipamento que ele tanto amava. Quando o observei em treinamento no The Loved Dog Center, pude ver em seus olhos a súplica que fazia a sua mãe: "Você quer que eu desça ou não? Por favor, ajude-me a entendê-la".

Puxei Melissa de lado e lhe disse:

— Vamos esquecer o aparelho em forma de A e trabalhar o exercício de parada no chão primeiro. Quando ele se lembrar do padrão, você será capaz de fazê-lo parar em qualquer lugar.

Em tempo recorde, Spencer estava de volta ao aparelho. Ele subia e descia alegremente e parava em qualquer altura indicada por Melissa — com um sinal de mão e depois que ela voltou a usar o tom manso de voz com que ele estava acostumado. Ele voltou a receber um montão de carinho e petiscos quando acertava, o que lhe deu a confiança de que precisava para acertar toda vez.

2. Companheirismo

Os cães são animais gregários por natureza; eles precisam se socializar. Ativíssimo como seu ancestral lobo, um cachorro gosta de viver em cooperação com outros, o que assegura grandes chances de sobrevivência na natureza. Soltos na natureza, os lobos se deitam uns sobre os outros, desfrutando a proximidade física. Mesmo que você tenha um quintal imenso, nunca notou a rapidez com que seu cão sempre volta para dentro de casa para ficar com você? Por maior que seja sua casa, seu cão sempre estará a poucos passos de você. Os cães são dotados do inato desejo de fazer parte de uma matilha e de saber que alguém estará sempre ali para protegê-lo.

Algumas donas pensam que, pelo fato de trabalharem em casa, seus cães têm todo o companheirismo de que necessitam. Isso não é a completa verdade. Será que seu marido se sente realizado ao final de um dia de trabalho com você lhe dando um beijinho no rosto, pondo o jantar dele na mesa e voltando para a frente de seu computador para trabalhar até tarde? Psicólogos insistem em que você precisa investir tempo de qualidade com seu esposo e seus filhos. Companheirismo significa interação, e isso requer atenção, energia e comprometimento ativos.

Durante o dia, seu cão precisa de um retorno ativo. Ele precisa de sua atenção, com um tom de voz que reforce as palavras e ações que ele conhece. Sorria freqüentemente para ele e faça-o saber se ele está fazendo um bom "deitado", um bom "pega" etc. Isso não leva mais que um segundo e reforça a ligação entre vocês dois, dando a ele a segurança de que você é alguém que sabe se fazer presente.

Na semana passada, eu estava do lado de fora, jogando uma bola para Clyde, quando vi uma mulher descendo a rua com seu lhasa apso. Ele fazia o que todos os cães fazem: checar seus "caca-mails" para fazer o inventário de todos os passantes na rua. Enquanto isso, sua dona lia um livro com a coleira pendendo na outra mão. Aqueles dois meramente coexistiam. Ela parecia completamente desinteressada de seu cão. Quando uma criança está para descer do escorrega, ela grita:

— Mamãe, olhe para mim. — Ela quer saber que a mãe está ali, que está ligada a ela e tem orgulho dela — e sua completa atenção lhe dá segurança. Os cães não são diferentes.

3. Compreensão da Hierarquia

Assim como os lobos, os cães têm sempre de saber quem seu líder é. Sem um líder claramente designado para indicar o caminho, um cão se tornará nervoso e tentará meter as patas em tudo. Por meio do líder, um cão encontra seu lugar na matilha e aprende como se comportar na vida. Você deve ser visto sempre como o alfa, ou líder — não deve haver dúvida quanto a isso! Para compreender melhor isso, demos uma olhada nas regras e no sistema de valores dos lobos.

Os lobos necessitam de regras claras para que a paz possa reinar entre tantos membros da matilha com dentes afiados buscando meios de se afirmarem no grupo. Uma regra importante é aquela segundo a qual o alfa *sempre* come primeiro. Quando pergunto a alguns clientes se o cão deles tem horários de refeição definidos e eles dizem orgulhosamente que sim, peço-lhes que descrevam sua própria rotina de refeições. Eles geralmente dão café da manhã ao cão para tirá-lo da frente, alimentam os filhos e, se tiverem chance, pegam uma xícara de café antes de sair de casa. Esse tipo de comportamento envia ao cão que possuem a mensagem de que ele é que é o líder. Para definir as coisas, particularmente no começo de seu relacionamento com seu cão, sempre se alimente primeiro, mesmo que isso signifique tomar apenas uma xícara de café. Ponha a ração do cão no balcão da cozinha e só a dê depois que puser os pratos na pia.

A segunda regra é aquela segundo a qual o lobo alfa sempre dorme no mais alto e melhor lugar. Seu cão pode tentar ocupar todo o espaço de sua cama, e até mesmo tentar chutá-lo para fora de seu leito. Se você quiser dividir sua cama com ele, ele tem de saber que está sendo convidado — um privilégio que só você pode lhe conceder. Afinal de contas, a cama é *sua*. Você pode convidá-lo a juntar-se a você, mas não divida o espaço onde você dorme até que esteja claro que você é que é o líder dele.

Terceira regra, o lobo alfa tem de ser o melhor caçador, e ele demonstra isso sempre vencendo na caça, nas lutas e nos jogos de cabo-de-guerra que exercitam habilidades de caça, conforme aprenderemos no capítulo doze. Com o passar do tempo, à medida que seu cão passe a apreciá-lo como líder, você pode amenizar as regras.

Quando há dois ou mais cães em uma família, uma hierarquia extensa deve ser formada na seguinte ordem: você, o cão melhor posicionado, outros cães. Todavia lobos e cães tentam sempre ascender na pirâmide da matilha. Mas o que eles podem fazer com um membro da matilha exausto quando todos são fundamentais na caça? Em vez disso, eles brincam, o que lhes permite ter contato com as habilidades uns dos outros, assim como nós, os humanos, agimos quando praticamos esportes. Deixe os cães estabelecerem posições entre si mesmos sem interferência de sua parte — a menos que a disputa se transforme em uma "briga de cachorro grande".

É importante compreender que todos os cães de uma mesma família não são iguais. E nem se espera que sejam. Nesse sentido, os cães são muito diferentes dos humanos, e nós temos de respeitar seu sistema de valores, assemelhado ao dos lobos, mesmo sendo ele muito diferente do nosso. Embora você nunca vá fazer isso com seus filhos, seu papel é aceitar a hierarquia do modo como *eles* a estabelecerem. Pode ser difícil para você ver que um cão novo está tomando a liderança de seu cão mais velho. Mesmo assim, você deve conceder mais privilégios, não menos, ao cão que ganhar a mais alta posição. Os seres humanos amam um cão fragilizado, e pode parecer que você deva dar mais atenção ao cão situado na base da pirâmide — mas isso só provocará agitação e pode levar a lutas no interior da matilha. Por isso, você precisa agir racionalmente, porque, em uma matilha feliz, todos sabem o próprio lugar e que papel devem desempenhar.

Em geral vejo pessoas repreendendo um cão mais velho quando ele rosna para um novo filhote importuno que acaba de chegar à casa do mais idoso. Isso é um erro. O cão mais velho deveria ganhar uma recompensa por estar ajudando o recém-chegado a entender a ordem da matilha. Na realidade, quando você se põe do lado daquele que está em posição inferior, está dando espaço para que haja mais disputas, e isso torna ainda mais confusa a questão de quem se situa onde.

Depois que recebi uma chamada desesperada para pegar um dálmata chamado Rocks e encontrar um novo lar para ele, ele se juntou temporariamente a minha família. Minha matilha, em vez de dois machos, passou a ter três. Em nossa matilha, Clyde ocupa indiscutivelmente a segunda posição, depois de mim, e Duke e Rocks tiveram de disputar a unha o terceiro posto de mando. Mesmo desejando ajudar Rocks durante esse processo, precisei permitir à ordem natural se instalar. Quando Duke se sentou no topo da escada e fechou a cara toda vez que Rocks tentava subir, logo se tornou evidente que Duke era o número três e Rocks, o número quatro. Duke bloqueou a passagem dele e lhe tomou brinquedos, e quando Rocks tentou subir em minha cama, sem ser convidado, não lhe dei atenção. Queria dar, mas sabia que conceder privilégios a um membro da matilha situado na base era potencialmente abrir espaço para a luta. Temos de simplesmente respeitar a ordem natural estabelecida pelos cães, mesmo que não a compreendamos.

4. Surpresas/Animação

Mesmo que seu cão precise de previsibilidade e rotina, ele não deixa de necessitar do oposto disso: algumas surpresas e animação. Grande porcentagem dos problemas de comportamento decorre do fato de um cão viver estupidamente entediado. É quando sua natureza de lobo desperta para algumas soluções primais e criativas, como roer, latir e cavar buracos. Se você deixar seu cão com o encargo de se divertir a si mesmo, ficará admirado com a inventividade que ele pode demonstrar. Se ele não sair correndo em busca de algum lugar para viver suas aventuras, pode se tornar um decorador de interiores, um paisagista ou o locutor de notícias para toda a vizinhança. Outras profissões muito populares para aos quais os cães se auto-habilitam são leão-de-chácara rigoroso, farejador de identidades (das virilhas das visitas), arqueólogo e demolidor.

Uma boa regra prática é aquela segundo a qual seu cão precisa de, pelo menos, uma surpresa por dia. Essa surpresa pode ser um passeio para ele poder checar seu "caca-mail", uma volta de carro, uma brincadeira com outros cães ou uma visita a um parque que aceite cães. Tenha à mão muitos brinquedos interessantes, petiscos e outras recompensas para seu cão, e os distribua quando seu cão menos esperar. Surpresas agradáveis são uma poderosa motivação!

Em sua função de líder, quanta animação você pode provocar em seu cão? Claro que você não quer ser um dono chato ou, ainda pior, um dono que cause temor. Quando vejo um adestrador que não permite ao cão demonstrar animação (ele deve achar esse cão "exagerado"), decreto que o adestrador realmente não sabe treinar cães. Esses charlatães usam *sprays* irritantes, colares de espinhos e outros métodos horrendos para impedir o cão de demonstrar animação, pois não estão habilitados para ensinar ou levar um cão impetuoso a usar a própria energia como parte do processo de aprendizagem. Ao recomendar o método The Loved Dog, quero que você, o líder, gere animação em seu cão. Ele deve vibrar ao aprender novas coisas! Quanto mais seu cão quiser estar com você e aprender com você, mais fácil será treiná-lo.

5. Ração e Exercícios

Cachorros precisam se exercitar para gastar energia, relaxar e se tornar dóceis. Essa é também uma formidável oportunidade para você se unir a seu cão e também praticar um pouco de exercícios. Nós nos unimos profundamente às pessoas que se divertem com os mesmos *hobbies* e atividades. Com os cães, a coisa não é diferente. Quando não tenho tempo para uma sessão inteira de exercícios, gosto de encorajar meus cães a brincar de buscar brinquedos. Os cães gastam alguma energia sem que eu precise nem ao menos trocar de roupa, uma vez que só eles é que correm. Desenvolva qualquer atividade que libere a grande reserva de energia de seu cão. Normalmente, quanto mais jovem for, de mais exercícios o cão necessita. A raça do cão é um critério para determinar a freqüência de exercícios de que ele necessita, mas todos os cães precisam de exercício para serem animais de estimação felizes e poderem ser treinados com êxito.

Certa vez, trabalhei com um labrador macho de 3 anos chamado Perry, cujo dono, Charles, era uma excelente pessoa, um comentarista esportivo de TV. Charles queria que eu o ajudasse a treinar Perry para deixar de pular nas visitas. Perry checou minha identidade (cheirando minhas virilhas) e pulou em mim, esperando atenção e animação. Rapidamente mostrei a Charles como demovê-lo de pular, usando uma técnica que descreverei pormenorizadamente na seção dedicada ao treinamento. Com poucos minutos de treino, Perry parou de pular. Mas enquanto eu via o jovem cão fazendo o maior esforço para se controlar, entendi que o verdadeiro problema de Perry era pouco exercício físico.

Na cabeça de Charles, ele já estava dando a Perry amor e atenção constantes, porque trabalhava em casa e levava o cachorro para um passeio de 20 minutos todos os dias. Isso seria o suficiente para um cão mais velho ou de outra raça, mas 20 minutos de passeio não chegavam nem a aquecer Perry em sua necessidade de exercícios. Labradores são uma raça para caçar pássaros e trabalhar no campo durante períodos longos. Visto que seu passeio cotidiano não era suficiente para satisfazê-lo, Perry encontrou como saída saltar no primeiro que chegasse à porta de entrada de sua casa.

Lembre-se de que seu cão não encara o exercício como você o encara. Você pode odiar ir à academia, mas seu cão vê o exercício como uma recompensa. Ele quer liberar sua natureza de lobo, correndo, pulando, brincando, vivendo tempos fenomenais. Uma coisa é certa: sem exercício, não espere que seu cão atenda quando você o chama, ou pelo menos não espere que ele venha para seu lado (e para a vida entediante e previsível que você leva) rapidamente.

6. Estimulação Mental

Você sabia que um cão é capaz de aprender mais de 150 palavras diferentes? Fico perplexa quando descubro que um dono não ensinou a seu cão uma palavra para ir ao banheiro. Se ensinamos a crianças uma palavra para isso com o objetivo de lhes mostrar um comportamento adequado, por que não usar uma palavra para isso com o cão? Ele não apenas o entenderá melhor, como você será capaz de dizer a seu cão quando "beber", quando "ir ao banheiro" e, depois, "entrar" em seu carro para fazer uma viagem. Você se surpreenderá com a inteligência dele!

Sugiro-lhe fazer uma lista de todas as coisas do dia-a-dia que ele já faz — coisas às quais normalmente você não dá atenção — e dê um nome a cada uma delas. Quando ele for beber água, diga "beba, beba". Quando você o levar ao parque, diga "parque!". Quando ele esticar a cabeça para fora da janela do carro, repita "janela, janela, janela". Faça uma lista de todas as coisas novas que você pode ensinar a seu cão para mantê-lo mentalmente estimulado, com um nome para cada novo comportamento.

A estimulação mental é a razão pela qual seu cão adora farejar o chão enquanto passeia. A espantosa gama de odores que seu cão pode detectar é uma informação superimportante, e o passeio diário equivale para ele a viajar no ciberespaço. Em casa, ele pode usar seu cérebro complexo para aprender a diferença entre o *Los Angeles Times* e o *Wall Street Journal* (eles têm embalagens diferentes), bem como aprender a lhe trazer um ou outro, de acordo com o que você pedir. Peça a seu cão que lhe traga seu par de tênis e depois mande-o ir buscar seus chinelos. Isso pode requerer tempo e esforço, mas posso lhe garantir que, com um pouco de paciência de sua parte, seu cão é capaz de fazer tarefas inacreditáveis.

Um amigo meu ensinou seu golden retriever de quatro meses, Mickey, a mergulhar na piscina para recuperar as bolas de golfe dele.

Outra cliente ensinou sua cadela a recolher os próprios brinquedos e a jogá-los na cesta de brinquedos quando acabava de brincar. Acredite ou não, eu realmente conheci um cão que conseguia abrir a geladeira e pegar um refrigerante para o dono! O céu é o limite!

Mudar a forma costumeira de seu cão se exercitar ou a rotina de brincadeiras ajudará a estimular o cérebro dele. Se seu cão está acostumado a sempre se deitar depois de sentar, peça-lhe que pegue o jornal então. Inicialmente ele ficará surpreso com a mudança, mas depois passará a esperar mudanças no futuro — e acabará respondendo mais rapidamente a suas solicitações. Em vez de simplesmente dar a seu cão o novo brinquedo que você acaba de comprar, mande-o ficar parado enquanto você esconde o brinquedo em algum lugar. Deixe o faro de seu cão ser o guia, um sentido que ele adora usar, porém que você raramente pede que ele use. Mudar o local de treinamento oferece uma estimulação adicional. Todo cão pode aprender um novo comportamento em um lugar, contudo a dica é ensinar o cão a se adaptar e a atuar onde quer que ele esteja. Cães de busca e resgate são treinados para fazer sua tarefa em qualquer ambiente — então, leve o treino de seu cão para fora, para a casa de um amigo ou para um parque ou pátio diferentes.

Pense que seu cão é como uma esponja, querendo absorver tudo, ansioso para aprender coisas novas. Ele adora o respeito que consegue das pessoas quando faz truques e aprende novas palavras. Todo dia, ensine seu cão a brincar de esconde-esconde ou a decorar os nomes dos membros de sua família. Um cão é um ser vivente com uma mente faminta e uma grande capacidade de amor e de gratidão — desde que você o mantenha interessado e estimulado pela vida.

Permita-me preveni-lo para o caso de você querer um cachorro ativo, como um border collie, cujos níveis de concentração e de inteligência são superiores aos da maioria dos outros cães (em alguns casos, superiores até aos de seus donos!). Cachorros ativos aprenderão a manipulá-lo com tanto êxito quanto uma criança inteligente pode fazê-lo, e a inteligência deles pode rapidamente se desviar para o aprendizado de comportamentos destrutivos se eles não receberem atenção e estimulação mental constantes. Eles podem abrir portas trancadas, encontrar ossos de frango enfiados no lixo e tirar objetos de estantes para levá-los para seus esconderijos especiais. Eles o levarão a fazer as coisas do jeito deles, mesmo que você não saiba que está fazendo! Mas se você pode investir um tempo extra, atenção e algum dinheiro, vá em frente! As recompensas que você terá serão imensas.

7. Amor e Vinculação

Os cães precisam se sentir vinculados a seus donos e a suas vidas, e tudo isso depende de você, o líder da matilha. Não basta apenas exercitar seu cão, dar-lhe ração e, depois, deixá-lo de lado, como se faz com um brinquedo, até sentir que é chegada a hora de pegá-lo de novo. À semelhança de um bebê, um cão necessita daquilo que os psicólogos classificam como "apego seguro", um laço invisível de amor que conecta um ser a outro. Os cães têm necessidade de saber que, mesmo com alguma distância física, você está disponível a eles, sempre unido a eles. Esse é um tipo de ligação que ultrapassa palavras, e é fundamental não subestimar a necessidade de vínculo na vida de um cão.

Uma vez, Clyde e eu fomos dar uma volta com um amigo, Evan, e Sunshine, sua collie de 2 anos. Começamos a discutir a diferença entre vinculação e amor, e eu ressaltei que acreditava piamente que a cadela de Evan o amava de verdade. Mas, daquilo que pude ver, não podia concluir que Sunshine se sentisse vinculada a ele. Perguntei a Evan se ele estava disposto a fazer uma experiência. Ele aceitou. Caminhamos um pouco e, quando saímos momentaneamente do campo de visão de nossos cães, eu me escondi atrás de uma árvore. Evan e Sunshine continuaram caminhando, no entanto assim que deram alguns passos e Clyde se deu conta de que não estava mais me vendo, parou de andar e começou a me procurar, até me achar atrás da árvore. Eu o elogiei com entusiasmo:

— Você me achou, que bom! — e continuamos a caminhar.

Alguns instantes depois, quando vimos que os cães tinham parado um momento para farejar algo, Evan se escondeu atrás de uma árvore, enquanto Clyde e eu continuamos andando. O mesmo fez Sunshine. Ela continuou a andar, balançando o rabo despreocupadamente, esquecida do fato de que Evan não estava visível em lugar algum. Depois de algum tempo, tive de reconduzir Sunshine fisicamente para perto de Evan. Embora Sunshine amasse Evan, eles realmente não estavam vinculados um ao outro. Sunshine não demonstrava sentir a falta de alguém quando Evan não estava em seu campo de visão. Evan ficou atordoado, porque ele achava que vinha dando todo o amor a sua cadela. Isso era verdade, mas amor não é tudo de que um cão necessita.

Antes de adquirir um cachorro, pergunte-se a si mesmo, em primeiro lugar, por que você quer ter um. O cão é para você, para seus filhos, para fazer companhia a outro cão, ou todas essas alternativas? Lembre-se de que trazer para casa um novo filhote pode ser difícil e confuso e que certo ajustamento se faz necessário para entender o papel que você desempenha como provedor e líder. Se você quiser atender às mais básicas necessidades de seu cão e pode dispor de tempo para aprender quem é ele e treiná-lo com amor e clareza, você e seu cão prosperarão felizes juntos.

PARTE DOIS

Treino

CAPÍTULO SETE

Uma linguagem comum

Encontrar uma linguagem em comum com seu cão pode até soar como uma missão impossível, mas não é. Não compre a idéia de que apenas alguns adestradores têm o raro dom de entender os cães — você tem o mesmo dom. Afinal de contas, os cães não são alienígenas vindos do espaço exterior. Na verdade, eles são bem fáceis de entender se você tentar olhar para as coisas do ponto de vista do cachorro. Uma vez que você tenha aprendido como eles pensam e se comunicam, estará apto a ajudar seu cão a se integrar perfeitamente a nossa sociedade humana.

Com paciência, compaixão, compromisso e instrumentos e técnicas adequados, você ficará admirado ao ver que seu cão é como uma janela para o mundo natural vivendo bem ali a seu lado. Podemos ver isso no hábito de os cães darem voltas antes de se deitarem, em como eles tentam enterrar um brinquedo na cama, em como mexem os focinhos como se quisessem cobrir o prêmio que recebem com sujeira e em como jogam os brinquedos para o ar como se eles fossem presas capturadas. Os cães são verdadeiramente embaixadores da natureza. E enquanto os humanos se comunicam em especial por meio da linguagem falada, os cães se comunicam pela linguagem corporal, pelas expressões faciais e pelos sons. Isso quer dizer que devemos ter muita cautela com as mensagens que estamos enviando, mesmo subconscientemente, a nossos cães, que podem captar os sinais mais sutis.

Deve haver uma linguagem coerente dentro de casa, bem como um acordo acerca de quais comportamentos caninos são aceitáveis. O cão pode subir no sofá? Na cama? Você deve permitir que ele pule em você quando o cumprimenta? Que tipo de recompensas e brinquedos de mastigar são aceitáveis? Você usa os mesmos nomes e sinais para comportamentos particulares e espera ter os mesmos resultados? Será que seu cão já descobriu o melhor jeito de o manipular? Reflita sobre como tudo fica confuso quando mamãe usa determinado sinal para "senta" e papai usa o mesmo sinal para "deita". Como é que seu pobre cão vai decidir qual sinal corresponde a que ordem?

Certa vez trabalhei com um cão cujo dono dividia a casa com dois companheiros, e tudo o que o cão aprendia era desfeito pelos outros habitantes da casa. Em outro caso, um cão latia sem parar para ganhar atenção e, apesar dos esforços de seu dono para treiná-lo, sua esposa simplesmente declarou:

— Não agüento mais — e deixou o cão "seguir por conta própria".

Cenários desse tipo não alcançam êxito. Ao ensinar bons modos a seu cão, lembre-se: se um comportamento é premiado, ele tende a ser reforçado. Se um comportamento não é premiado, ele tende a desaparecer.

É simples assim. Esteja atento às mensagens que está enviando, e toda a família precisa estar de acordo. Realmente não existe certo e errado aqui porque, com cachorros, não há uma só medida. É você quem deve decidir se seu cão vai dormir em sua cama ou não ou se ele pode andar pela mesa do café da manhã. E nunca deixe de ser consistente nos limites que estabelecer.

Seja um Livro Aberto

Os cães podem nos ler tão habilmente quanto os lobos podem ler a linguagem corporal durante uma caçada. Quando você se aproxima de determinado armário para pegar sua jaqueta, seu cachorro pula de alegria porque isso significa que vocês dois estão de saída para passear. Quando você pega a chave do carro, o cachorro logo percebe que ele está de saída para uma volta de carro. Dou risada sozinha quando o dono de um cão se gaba de que seu cachorro *passou* dos comandos de voz para os sinais de mão. Na realidade, um sinal de mão é mais fácil para um cão entender. De fato, em muitos exercícios, só depois de eu ter ensinado e estabelecido um padrão com um sinal de mão é que lhe dou um nome, como "senta" ou "deita".

Como seu cão precisa ler seu rosto quando você vai treiná-lo, evite usar óculos de sol, porque eles impedem o contato visual. Seu cão precisa ter clareza na hora de saber se está ou não lhe agradando. Dar a ele um retorno *claro* ajudará muito. Construa um padrão na cabeça de seu cachorro focando-se no positivo. Isso pode exigir que você se recicle, ou seja, que reveja seus valores, pois muitas pessoas têm o hábito de ignorar o bom comportamento do animal e de só dar atenção quando algo não está indo bem. Lembre-se sempre de que você e seu cão são uma equipe e de que sua função é ser o mais claro líder de equipe possível.

Mas como nos comunicar com nossos cães, que são uma espécie completamente diferente da nossa? Precisamos apenas encontrar uma linguagem comum, que inclua palavras, linguagem corporal, expressões faciais, exercícios e jogos que são familiares tanto a humanos como a cães.

Em meu DVD de treinamento há um boxer chamado Henzo que era fluente, durante muito tempo, apenas em sua língua nativa de lobo. Desesperado para se comunicar com sua dona, Patricia, Henzo estava tentando engajá-la em uma brincadeira de caçada pulando e roubando comida dos armários da cozinha. Ele não estava tentando enlouquecê-la, não era um ladrão nem estava morrendo de fome. Simplesmente não fora ensinada a ele uma linguagem que tanto ele como Patricia entendessem, e ele estava tentando ganhar a atenção dela do único jeito que conhecia — usando brincadeiras de lobos.

O hábito de pular no roupão de Patricia, assim que ela entrava na cozinha de manhã, era outra tentativa de fazê-la "falar" com ele. Era um convite para brincar de cabo-de-guerra. E Patricia, todas as vezes, disse "não" e chegou à conclusão de que ele estava sendo detestável. Quando fui apresentada a Henzo, eu disse:

— Seu cão não é detestável. Ele está tentando lhe dizer algo, e esse é o único modo que ele conhece de fazer isso.

O que pode ser mais irritante do que ser tachado de mau simplesmente por tentar estabelecer um vínculo?

Ensine sua Língua ao seu Cão

Encontrar uma linguagem comum quer dizer que tanto você como seu cão precisam aprender os estilos de comunicação um do outro. E assim como estou lhe pedindo para entender a linguagem dos lobos, você pode pedir a seu cão que ele também aprenda a língua que você fala! Para começar, recomendo-lhe fazer o inventário de tudo o que ele já está fazendo corretamente. Mesmo que ele tenha um péssimo comportamento, ainda assim é provável que ele esteja fazendo muitas das coisas que você lhe pede para fazer, como sentar, deitar ou brincar com algum brinquedo. Reconheça o bom comportamento dele repetindo muitas vezes a palavra que designa aquela ação, como "senta, senta, senta" quando ele estiver se sentando. Se seu cachorro já está se deitando, diga "deita" em um tom de voz de aprovação. Quando ele estiver brincando com algum brinquedo, diga "brinque, brinque, brinque". Quando ele se espreguiça longa e luxuriosamente pela manhã, repita a palavra "abaixado" em um tom entusiasmado. Até mesmo se ele estiver bocejando, você pode dizer "boceje, boceje". Diante de tudo o que o cão fizer direito, reconheça verbalmente aquele comportamento. Quando você diz uma palavra como "senta" a seu cão que já está sentado e lhe dá um petisco, ele ficará todo cheio de si. "O que é isso?", ele pensará. "Estou sendo recompensado simplesmente por ser eu mesmo!". Com a habilidade de agradar a você, ele verá a si mesmo como genial e vai querer aprender mais e mais.

Ensinar sua língua a seu cão traz muitos benefícios. Se estou a caminho da casa de algum amigo com Clyde, peço a ele que se alivie do lado de fora com um "rápido", e ele rega, todo feliz, os arbustos ali por perto. Quando entramos na casa de meu amigo, ele pode sair farejando, mas não fico preocupada com a possibilidade de ele fazer xixi porque ele acabou de fazer do lado de fora. Chamo esse assunto do banheiro de "rápido" porque é assim que eu o encaro, mas qualquer outro termo pode ser usado, se for simples. Há quem diga "vire-se" ou "já pro banheiro". O termo usado por Oprah é "poody", e um de meus clientes falantes de iídiche usa a palavra "pishen". Outro dia ouvi alguém dizer "baño". A diversidade de nomes me enlouquece. Chame a ação pelo nome que quiser, o importante é estabelecer uma palavra que faça sentido para vocês dois.

Depois que tiver ensinado um vocabulário razoável a seu cão, você pode dizer a ele o que gostaria que ele fizesse usando simplesmente uma palavra. Quando eu estava gravando meu DVD, Clyde e Duke ficavam pacientemente sentados no assento traseiro do carro até que eu dissesse a palavra "janela". E eles iam para a janela — em direção à câmera — porque sabiam exatamente o que era janela e o que eu queria que fizessem. Quando os elogiei, parecia que eles iam explodir de orgulho! Você pode visualizar Clyde largado na praia quando eu digo a palavra "Malibu". Ele se estira todo como se alguém tivesse acabado de lhe dar um tesouro de petiscos de ouro!

Use Frases e Palavras Curtas

Um erro constante é usar muitas palavras diferentes quando se ordena algo a um cão. Ouço pessoas dizendo: "Vamos lá, bom garoto!

Venha aqui e se sente. Não, não, sentado. Venha já aqui". Seu cão ouve apenas "venha", "sente", "não" e um monte de palavras que ele não reconhece. Ele fica pensando: "Afinal, o que é que meu dono quer?". Quanto menos palavras você usar por vez, maiores as chances de seu cão o compreender. Sugiro uma palavra para cada comportamento, quanto mais curta melhor, ou tudo o que o cão vai ouvir é "blá, blá, Fido, blá, blá".

Dizer todo o tempo "bom garoto" ou "cachorro lindo" em nada ajuda a incrementar a habilidade de entendimento de seu cão. Se ele não souber qual dos comportamentos que apresenta é bom, como pode repeti-lo com êxito outras vezes? Quando você quiser elogiar seu cão, tente ligar a expressão "muito bem" ao comportamento que você gostaria de ver, como "sentado. Muito bem!" ou "deitado. Muito bem!". Melhor ainda, deixe completamente de fora a expressão "muito bem!" e use um tom de quem está cantando para esticar a palavra "sentado", fazendo-a soar como feliz e divertida. Mesmo que, de início, você se sinta estranho ao "cantar" palavras e ao usar um tom infantil com seu cão em público, insista, faça isso. (Qualquer coisa, pode pôr a culpa em mim!)

Até mesmo a dona de Henzo, uma terapeuta altamente habilitada e cujo trabalho se baseia nos matizes da comunicação, esquecia tudo o que sabia quando o assunto era seu cão. Ela teve dificuldades para se lembrar de usar a expressão "muito bem!" sem acrescentar "garoto". Para nós não é fácil mudar de hábito, e ela vinha usando essas expressões juntas havia um bom tempo. Foi preciso certo esforço para ela reciclar suas idéias. Expliquei que ela estava reconhecendo a ação, não o cachorro, e assim que Henzo começou a responder a comunicações mais simples, a alegria de Patricia de poder tocá-lo ajudou-a a reforçar seu novo modo de conversar com ele.

Assistir-se a si e a Henzo em meu DVD foi um bom modo de ajudar Patricia a mudar seu estilo de comunicação. Contudo Patricia ficou atordoada ao ver que continuava a dizer as palavras "bom garoto" imediatamente depois de eu ter pedido a ela que não o fizesse. Se você estiver encontrando problemas para mudar seus padrões, peça a alguém que o observe trabalhar com seu cão, ou peça que o grave enquanto o treina. Depois de alguns lembretes você entenderá isso, e seu cão fará o mesmo!

O Silêncio

O contrário da repetição é o silêncio, e um cão precisa dos dois para aprender nossa língua. Já tentou aprender algo novo com alguém falando com você sem parar? Isso simplesmente não funciona!

Recentemente encontrei um lugar para Rocks, meu amigo dálmata, junto a um talentoso advogado e mostrei ao dono como ensinar seu cão a sentar. Primeiro, usei um sinal de mão — repito que esse é o modo mais fácil para qualquer cachorro aprender, visto que os lobos usam linguagem corporal. Então eu disse "senta" e esperei alguns instantes para ver se ele havia entendido.

Rocks se sentou fácil e rapidamente, mas quando o novo dono assumiu o comando e disse "senta, senta, senta, senta, senta", Rocks pareceu confuso. Ele já conhecia a palavra "senta", mas como ela estava sendo repetidamente disparada contra ele por um estranho com um tom de voz diferente, ele precisava de um pouco de tempo para processar a informação. Eu disse a seu novo dono que, quando fosse dizer uma palavra que já era familiar a Rocks, ele devia dizê-la uma só vez e fazer silêncio por alguns instantes. Isso ajudaria Rocks a reconhecer a palavra em seu novo ambiente.

Quando tem a oportunidade de processar algo com sua própria mente, um cachorro tem muito mais chances de lembrar desse dado. Se você estiver resolvendo um problema de matemática na escola e alguém lhe deu a resposta, você *pode* lembrá-la mais tarde. Mas se você chegar ao resultado por conta própria, certamente não o esquecerá. O que temos mais facilidade de lembrar são as descobertas decisivas para nossa vida. O mesmo acontece com seu cão.

Scott, um amigo meu, tem um gold retriever chamado Mickey. Scott é um cara antenado, que ensinou um monte de coisas a Mickey em muito pouco tempo. Mickey tem sede de aprender, pois capta todo o entusiasmo de seu dono. Ele adora rolar, algo que aprendeu rapidamente. Certo dia, em vez de dizer para ele rolar, Scott de repente disse a Mickey: "Quieto".

Ele queria que seu cão parasse de rolar e ficasse parado. Sem pensar, Mickey continuou rolando. Por mais vezes que Scott repetisse a palavra "quieto", Mickey tinha se entusiasmado e saiu rolando, rolando... Ele fora treinado tão rapidamente que ligou o piloto automático, e rolar era a única coisa que queria fazer. Era como se Scott precisasse reinicializar Mickey. Então Scott passou a agir com mais calma, e Mickey era tão inteligente que percebeu. Logo depois, Mickey percorria em marcha a ré toda a extensão do grande quintal de Scott. Juro! Ele teria feito em marcha a ré toda a muralha da China se Scott tivesse pedido.

Quando os cães captam as coisas muito rapidamente, também tendem a logo esquecê-las. Quando eles têm um pouco mais de tempo para fixar as coisas sem pressão ou agressão, não se esquecerão delas porque eles mesmos as praticaram. Desse modo, você terá um cão que escuta, e os êxitos que ele conseguir levarão seu entusiasmo pelo treinamento ao ápice.

Dar tempo para que seu cão processe a informação é um sinal de respeito. Mostre a seu cão um comportamento que você deseja que ele desenvolva, dê um nome a esse comportamento e dê-lhe algum tempo para refletir sobre isso. Se ele não o captar, não o corrija. Apenas espere pacientemente até a luz se acender na cabeça dele. Por exemplo, quando você ensina uma criança a reconhecer a cor azul, você aponta para a cor e diz a palavra "azul" uma ou duas vezes. Depois, deixa a criança processá-la. Não há precipitação em fazê-la entender de imediato. Por fim, a criança passa a reconhecer o azul sem pressão de sua parte. De modo similar, um cachorro é um indivíduo com tempo próprio, e esse tempo deve ser respeitado.

O Tom de Voz

Um grande amigo meu, piloto de aviões Skyhawk, era uma das pessoas mais tranqüilas que eu conhecia. Ele falava inalterada e pacificamente e sempre me fazia sentir como se o mundo estivesse nos eixos. Quando chegou a hora de ele ser promovido para pilotar um F-16, todos esperávamos que passasse nos testes com grande facilidade, mas ele ficou desorientado ao descobrir que seus superiores não tinham ficado satisfeitos com seu desempenho. Eles disseram:

— Você tem um problema: seu tom de voz o está atrapalhando; você fala de um modo muito neutro. Você precisa dar demonstração de certa urgência com seus companheiros pilotos, porque, em uma situação de crise, a primeira coisa a que eles reagirão será a seu tom de voz.

E isso representou para ele uma dura transformação porque soar calmo e controlado era a atitude mais natural para meu amigo. Contudo ele se aplicou, pois teria sido muito mais doloroso *não* mudar.

Em treinamento de cães, uso quatro níveis de voz: normal, animado, infeliz e urgente. Uso minha voz conscientemente como um instrumento, lançando mão desses diferentes níveis com meus cães na hora apropriada, oferecendo-lhes constante retorno. Entre os níveis, existe certa variação. O tom animado nem sempre é o mesmo, visto que ele pode variar de satisfeito a "meu fabuloso cão e eu acabamos de ganhar na loteria!". Neutro é apenas "um lugar de repouso", ao passo que o retorno negativo varia de Nível Um, no qual o cão cometeu um simples engano e você calmamente o ignorou, até aquilo que chamo de Nível Oito, que é meu tom de maior insatisfação.

Estou sempre em busca de chegar ao tom feliz de voz e "fazer uma festa", que é como chamo fazer um grande estardalhaço, para levar os cães a se sentirem felizes consigo mesmos. Normalmente, falo com eles em um tom de voz normal, mas gosto de falar com eles no tom feliz ou infeliz como retorno imediato para orientá-los. Raramente uso o tom de voz Nível Oito, a menos que o cão esteja se expondo a perigo. Há situações em que você não pode e não deve falar calmamente: imagine seu filho esticando a mão para tocar no local aceso de seu fogão. Você tem de se certificar de que ele associa chegar muito perto do fogo a uma experiência negativa que não desejará repetir. Isso é o que os lobos fazem com seus filhotes. Quando o lobo alfa precisa mandar um sinal, ele começa com uma rosnadinha. Depois, mostra um pouquinho das gengivas e, por fim, arreganha todos os dentes (o que chamo de "vai ao dentista"). O lobo está dizendo aos membros de sua alcatéia: "Não quero machucá-los, porém não hesitarei se preciso for". E pode estar certo de que apenas essa ameaça opera maravilhas.

Quando lanço mão do Nível Oito, pareço tão assustadora que tenho, antes, de avisar as pessoas que estão por perto de que se trata apenas de representação. Você já percebeu que, quando os animais estão se preparando para um ataque, eles tentam aparentar ser maiores do que são, esperando que seus adversários desistam sem lutar? O pêlo das costas deles fica eriçado, suas orelhas ficam eretas e seus rabos ficam tesos, no ponto mais alto possível — de modo que eles parecerão mais ameaçadores. Uma exibição dessas evita contato físico, e eu adotei minha própria exibição Nível Oito para nunca evitar ao máximo ter de usar a força física contra um cão.

É mais ou menos assim: respiro fundo, seguro a respiração e só puxo o ar levemente quando necessário. Faço uma cara de superfuriosa, levanto os ombros e projeto o rosto para a frente. Forço-me a falar em um tom de voz grave e enrijeço o corpo — um sinal que aprendi com os lobos e que significa que posso machucar qualquer um que cruze meu caminho. Explico que, apesar de o Nível Oito poder parecer esquisito e ser certamente intenso, ele é o oposto de empurrar o cachorro e de ferir seu pescoço com os pinos de metal do colar de espinhos.

Sempre escolho um tom de voz assustador em vez de optar por machucar fisicamente um cachorro. As pessoas bem que podiam entender que não há nada errado em sacrificar momentaneamente a imagem delas e parecer esquisitas para poupar seus cães de algum dano! Então, uma vez que você tenha tido sucesso na utilização do Nível Oito, tudo o que precisa fazer depois é respirar profundamente e dar aquela "olhada" em seu cão. Ele pensará consigo mesmo: "Bem, não faz mal. Acho que é melhor ouvir mamãe antes que ela venha como uma loba para cima de mim".

Alguns proprietários de cães têm grande dificuldade em parecer entusiasmados, enquanto outros parecem ser incapazes de se livrar do pânico em suas vozes. Nenhum desses extremos funcionará, visto que os cães necessitam ouvir uma variação apropriada de emoções. Quando CJ, um mestiço de labrador chocolate, andou de costas com sucesso pela primeira vez, "fiz uma festa", elogiando-o e agindo como se ele tivesse acabado de ganhar uma medalha de ouro. Mas sua dona, uma jovem meiga e tímida, sorriu e disse mansamente ao cão que ele se saíra bem.

— Você precisa ser mais animada — eu disse a ela com entusiasmo. — De que outro modo CJ vai saber que acabou de fazer algo fantástico? Berre!

Se seu filho acaba de fazer o primeiro gol, você fica sentado quietinho na arquibancada e balança polida e afirmativamente a cabeça ou você se levanta, berra o nome dele e bate palmas até ficar com as mãos inchadas? Quando um pai expõe na porta da geladeira uma pintura feita na escola por seu filho como se fosse um quadro de Picasso, a criança se enche de orgulho e se inclina a continuar pintando. Do mesmo modo, o lado infantil de CJ precisava saber que aquilo que acabara de fazer merecia um monte de obas e vivas. A partir daí, ele passaria a desejar continuar com o treino. Aconselhei sua dona a deixar de olhar seu cachorro de binóculos, como quem assiste a uma ópera de camarote, a tirar as luvas e começar a vocalizar alguns elogios.

Recentemente, uma amiga minha admitiu diante de mim que nunca se dera conta de que falava de modo duro. Na medida em que foi se dando conta de como seu modo de falar soava severo para seu cão, ela compreendeu que estava usando o mesmo tom de voz com sua filha adolescente. Quando ela mudou o próprio tom de voz, seu cão começou a fazer qualquer coisa que ela pedisse — e a diferença de comportamento de sua *filha* também se tornou notável.

No verso da moeda, trabalhei com uma mulher chamada Morgan, pessoa muito meiga de alma que praticava meditação. Ela se sentia desconfortável quando precisava mudar o tom de voz para comunicar algo negativo, que criasse a mínima perturbação no treinamento de seu cão. Tive de levar Morgan a ver que vivemos em um mundo de dualidade, preto e branco, céus claros e cinzas, e que cada um de nós tem seus gostos e desgostos. Ao mesmo tempo em que queremos dar a nossos cães retorno positivo, há ocasiões em que temos de usar um retorno negativo de modo apropriado. Quando o cachorro de Morgan se recusava a ouvir suas calmas solicitações, eu a encorajava a respirar fundo, contrair os ombros e usar um tom de voz que seu cão não tivesse como confundir com simpatia ou aprovação. De que outro modo ele poderia aprender o que era um comportamento aceitável e o que não era? Ainda guardo um e-mail de Morgan, no qual ela dizia algo como: "Para mim, ainda é difícil usar um espectro variado de emoções, mas estou me esforçando e está dando certo".

Fui obrigada a usar o Nível Oito durante uma sessão de treino com Luke, um dos golden retrievers de Oprah. Disseram-me que Luke vira um cachorro passeando fora dos muros da propriedade e correra para brincar na rua. Era natural ele se sentir atraído por outros cães, mas poderia ter morrido ao atravessar a rua correndo. Minha função requereria representar habilidades e respostas enérgicas que não conheciam limites.

Uma vez que Luke já me conhecia, o plano exigia que eu usasse uma grande jaqueta, botas e um chapéu de vaqueiro para que ele não me reconhecesse imediatamente. Então, pedi a ajuda de uma vizinha que estava passeando na rua com seu dálmata. Bem nas fuças de Luke, bem ao lado dos portões da propriedade, comecei dando petiscos ao dálmata e a elogiá-lo. Luke assistiu àquilo por alguns momentos, agitado e interessado. Por fim, ficou com tamanha vontade de brincar que veio direto para a rua a fim de se juntar a nós.

Porém eu estava pronta para recebê-lo com o Nível Oito. Virei-me para encará-lo e fui para cima dele como uma "loba", agindo como se fosse atacá-lo dramaticamente. Inchei e bufei como se estivesse a ponto de explodir, gritei em um tom de voz muito grave, imobilizei meu corpo e meu rosto em uma postura ameaçadora, gritei ameaças e bati o pé em uma atuação digna de um Oscar. Minha representação causou uma grande impressão em Luke, porque ele voou de volta para a propriedade, atravessou os portões e retornou ao território familiar. E ali se sentou e esperou enquanto eu continuava a trabalhar com o dálmata, até que me voltei, elogiei e liberei Luke de sua posição de sentado.

Particularmente não gosto de usar o Nível Oito com meus cães, e é bem provável que você também não goste. Mas estou disposta a fazer tudo o que for necessário para salvar a vida de um cão, e o Nível Oito geralmente funciona. Lembre-se apenas de dar tudo de si, porque pode ser que você não tenha uma segunda chance. Luke nunca mais voltou a cruzar aquele limite. Ele chegou até mesmo a se recusar a atravessá-lo em uma ocasião em que era *necessário* que ele o cruzasse, e foi preciso pegar o carro para fazê-lo atravessar o portão. E tudo isso foi feito sem que Luke sofresse nem sequer um arranhão e, até hoje, ele e eu temos um amor louco um pelo outro.

Acho que agora você pode compreender por que peço às pessoas que não "latam" comandos para seus cães. Existe uma grande diferença entre pedir e dizer, assim como existe uma diferença entre falar e latir. Se você sempre usa um tom de voz gritado, como se estivesse no exército, o que é que usará em uma situação de emergência? Lembre-se: seu cão é mais um bebê que um soldado. Use um tom de voz normal com seu cão nas idas e vindas rotineiras da vida. E depois, se você quiser se exaltar na alegria ou na fúria, seu cão não se verá lançado em confusão.

Resumo do Capítulo

- Construa a confiança: comunique-se com seu cão de um modo que ele possa entender.
- Uma só palavra: dê uma palavra específica para cada comportamento específico.
- "Bom cachorro" nunca: não use um genérico "bom cachorro" para elogiá-lo.
- Silêncio: seu cão necessita de tempo para processar aquilo que está aprendendo.
- Tom de voz: use contrastes em seu tom de voz para transmitir a seu cão mensagens claras.

CAPÍTULO OITO

Usando petiscos

Quando um cão percebe que está sendo punido, seu mecanismo de descarga de adrenalina é acionado, produzindo certo estado imprevisível, bem como incapacidade de aprender efetivamente. Cães que sofreram punições dão mostras de um acréscimo alarmante de cortisol, o hormônio do estresse. Trata-se de uma substância neurotóxica que pode levar a deficiências de memória; níveis de cortisol cronicamente elevados podem até mesmo enfraquecer o sistema imune de um cão. Com o método The Loved Dog não punimos os cães. Ao contrário, usamos prêmios como motivadores, e este capítulo se concentrará nos petiscos.

Os petiscos são o atalho para atingir o cérebro de um cão. Em outras palavras, o caminho para o cérebro de um cão passa por seu estômago! Petiscos são muito úteis porque são quantificáveis. Sempre que quiser dar mostras de reconhecimento, você pode dispensar um grande número de petiscos, coisa que não pode fazer com outras formas de compensação (como uma volta de carro ou um passeio a pé). Usar petiscos é a maneira mais rápida e mais fácil de ensinar a um cão aquilo que você quer que ele aprenda, mas você precisa preservá-los como algo especial e, portanto, altamente desejável. Isso significa escolher e decidir com o que, onde e quando recompensar seu cão.

A principal atitude, que não deve ser esquecida, é que você não pode *nunca* dar petiscos por nada. Eles devem ser conquistados, ou você estará jogando fora um de seus mais poderosos instrumentos de treinamento. Se um cão ganha um petisco que não fez por merecer, pensará que não tem de fazer nada para ser recompensado. Recompensar seu cão sem que ele tenha feito nada prejudicará completamente sua capacidade de treiná-lo.

Petiscos como Alavanca

Cansei de ver inúmeros donos dando petiscos saborosos porque seus cães olham demoradamente para eles com olhos adoráveis e suplicantes, agindo como se não tivessem comido nada no período de um ano. Como é que você vai negar um petisco quando seu cão lhe pede tão carinhosamente? É fácil deixar-se enfeitiçar pela graciosidade de seu cão, no entanto isso não o ajudará a ensinar bons modos a ele. Também sei de pessoas que misturam petiscos saborosos à ração seca de seus cães para estimulá-los a comer. Isso é que é dar petiscos em troca de nada! Dê a seu cão uma ração diária da melhor qualidade, mesmo que ele a ache um pouco sem graça. E reserve petiscos interessantes e atrativos para os jogos e exercícios.

Fui visitar Maddie, uma linda cocker spaniel dourada, depois que sua "mãe", Debrah, me pediu ajuda. Aparentemente, Maddie estava se comportando mal e deixando de responder quando Debrah lhe oferecia petiscos para que se comportasse. Quando cheguei àquela casa, uma coisa ficou imediatamente evidente: Maddie era uma diabinha mimada! Montes de brinquedos jaziam espalhados pelo chão, mas Maddie ignorava todos eles e ainda virava o focinho para petiscos diante dos quais qualquer outro cão salivaria! Surpresa, surpresa! Debrah estava realmente magoada com Maddie, que ignorava a abundância de brinquedos e petiscos que ela lhe dava tão magnanimamente. Expliquei a Debrah que ela não tinha nada que Maddie quisesse e que, por isso, Maddie não tinha interesse em ouvi-la. E, à semelhança de uma criança mimada, Maddie estava ficando rebelde.

Começamos tomando de Maddie todos os brinquedos e petiscos. Eles seriam usados exclusivamente nos treinamentos. E quando Maddie se deu conta de que havia uma nova xerife na cidade, pudemos ver uma mudança significativa em sua atitude. Ao final da primeira semana, Maddie começou a se demonstrar educada e compreensiva. A partir dali, ela entendia que ter bom comportamento era o único modo de conseguir um pouco de atenção, brinquedos ou petiscos.

Os equívocos mais comuns acerca dos petiscos são esbanjá-los muito facilmente ou de modo exageradamente mesquinho. Seu cão precisa conquistá-los, e isso é algo que eles amam fazer. Mas também não vá contar com os esforços dele como algo garantido. Ignorar o bom comportamento é um meio infalível de fazê-lo desistir. A simples verdade é que ao recompensar as boas atitudes, nós as veremos se multiplicarem.

Comportamentos específicos equivalem a diferentes quantidades de recompensas, a depender de seu nível de dificuldade. Quando está competindo com um comportamento que o cão insiste em manter naquele momento, você tem de fazer uma oferta irresistível — porções e porções de petiscos supergostosos, que são, na cabeça de seu cão, muito mais atrativos que aquilo que ele está fazendo naquela hora. Em certas ocasiões, prefiro usar brinquedos no lugar de petiscos, todavia é difícil dar brinquedos em série, aquilo que eu chamo de "dar um prêmio". Com petiscos posso tornar a aula mais eficiente, dado que cada recompensa está calibrada para o nível de desempenho conseguido.

Por alguma razão, as pessoas tendem inconscientemente a dispersar as recompensas em conjuntos de três. E com freqüência, você verá que o cão se afasta depois da terceira. Por favor, acredite: seu cão sabe contar até três. Se você se torna tão previsível a ponto de ele entender que não há surpresas vindo na direção dele depois do três de sempre, por que ele deveria se aplicar para ir além disso? Quem vai querer fazer um esforço extra quando sabe que o trabalho que fizer não será valorizado? Um comportamento estelar merece uma valorização especial!

PETISCOS OURO, PRATA E BRONZE

Para uma de minhas participações no programa *Today*, precisei preparar uma demonstração da qual Matt Lauer participaria no papel de um cão — para tanto, fiz uma pequena pesquisa para descobrir de que tipo de petisco ele gostava mais! E descobri que ele gostava de chocolate. Você precisa fazer o mesmo tipo de pesquisa com seu cachorro.

Para descobrir os gostos de seu cão, sugiro que encha algumas tigelas com diferentes petiscos e ponha alguns deles fora da tigela ao mesmo tempo. Use cerca de uma semana para descobrir do que é que seu cão gosta mais e classifique os petiscos em ouro, prata e bronze. Lembre-se de que o paladar de seu cão pode mudar com o tempo e que os lugares e as distrações podem desempenhar um papel determinante no gosto dele pelo petisco.

Hoje existem grandes companhias que fabricam lanches muito nutritivos para cães, mas não acredite cegamente em todos os tipos de anunciantes. Rótulos brilhantes e propagandas empolgantes não são os melhores indicadores de uma alimentação saudável. Recomendo a leitura dos rótulos dos petiscos comprados nas *pet shops* e mercados e que você elimine de sua lista tudo o que contenha gordura ou proteína não identificadas como derivadas de galinha, carne ou outra origem animal, tudo o que contenha o conservante BHA, corantes e sabores artificiais, açúcar ou xarope de milho. Escolha alimentos que contenham ingredientes que você possa reconhecer, como grãos e vegetais integrais.

Você pode adicionar a essa lista todas as sobras saudáveis de sua própria mesa. Certifique-se apenas de eliminar todos os temperos e molhos. Essas sobras podem incluir frango (sem pele e sem ossos), carne, peixe sem espinhas, ovos, pequenas porções de queijo, vegetais (exceto cebola), frutas (exceto uvas ou passas) e arroz integral. Meus dois cães adoram salada com azeite de oliva e limão, assim como gostam muito de arroz e cereais não-adoçados.

Quando saio para comer fora, às vezes trago para casa um pedaço de bife ou hambúrguer, um petisco classe ouro. Mesmo que você ache esquisito embrulhar uma sobra de sua refeição em um guardanapo, não deixe de fazê-lo. Esses poucos centímetros quadrados de comida, uma preciosa surpresa, podem representar um incentivo fantástico e inesperado para seu cão. Quando faço uma omelete para o café da manhã, guardo dois pedacinhos para meus garotos comerem quando o dia estiver mais avançado. Não faço isso todo dia, mas sempre que chamo Clyde e Duke para perto de mim, eles sempre ficam curiosos para ver o que é que terei para eles.

Na maioria das situações de treino, uso meus pedaços especiais de fígado de frango, meus recursos infalíveis, que me fazem ter êxito em influenciar cães que acabo de conhecer. Em todos os meus anos de treinamento, nenhum cão os recusou. Eles são meu instrumento mais certeiro. Mas mesmo com algo tão certo, é importante que seu cão não enjoe da comida, ou ele ficará muito mais interessado em perseguir um pássaro no quintal do que aprender a andar de costas.

Quando os desafios são muito grandes, como tentar treinar um cão em meio a distrações, ou quando ele está aprendendo algo completamente novo, uso petiscos classe ouro. Um petisco classe ouro pode ser meu petisco especial de fígado ou um frango grelhado, que eu desosso e corto em cubinhos. Também uso carne ou um cachorro-quente — tudo sem gordura — quando estou competindo pela atenção de um cão em meio a outros cães em um parque ou em uma calçada movimentada, por exemplo.

Petiscos classe prata, como um pedaço de ovo cozido ou um biscoito para cães, são reservados para circunstâncias medianas, como repetir comportamentos já assimilados. Se você estiver desempenhando uma função profissional regular só receberá um salário regular. Nada de gratificações.

Petiscos classe prata, como vegetais cozidos em azeite de oliva, frutas ou ração misturada em um saco plástico com os restos de petiscos classe ouro de fígado são usados quando os desafios de treinamento são mínimos. Eles também são adequados para manter seu cão no peso ideal, algo importante a lembrar se você lança mão de muitos petiscos no treinamento.

Lembre-se de que usar repetidamente o mesmo petisco será entediante para o cão, não importa o quão saboroso ele era no princípio. É preciso misturá-lo. Trate de variar os petiscos dados a seu cão com a máxima freqüência possível e não se esqueça de fazer que eles sejam sempre uma verdadeira surpresa.

Ter à Mão

Você precisa ter os petiscos ao alcance da mão, em vista de poder recompensar seu cão imediatamente — não mais que três segundos. Esse é todo o tempo de que você dispõe para se assegurar de que ele tem clareza a respeito daquilo que fez corretamente. Se transcorrer mais tempo que isso, ele já estará em outra e pensará que está ganhando uma recompensa sem ter feito nada. Se você parar para concluir uma conversa para, só ao final, recompensar seu cão, terá perdido a oportunidade. Isso também vale para o retorno negativo, porque se você esperar mais que três segundos, ele não terá mais idéia da razão pela qual você está desapontado ou irritado com ele. Se você não reagir imediatamente, a oportunidade terá desaparecido para sempre. Comunicar-se com seu cão de um modo que ele possa compreender requer um retorno na velocidade da luz.

Quando dou treinamento, sempre tenho à mão dois ou três diferentes petiscos — claro, na mão que não estou usando para fazer sinais manuais — partidos em pedacinhos. Também guardo meus petiscos em recipientes que espalho pela casa, nas áreas em que passo o tempo com meus cães. Mantenha recipientes de petiscos onde você e seu cão costumam ficar — na sala de estar, na cozinha ou no quarto e sempre perto da porta, onde os cães costumam ficar mais agitados. Onde e quando você treina seu cão ativamente, sempre tenha petiscos suficientes para recompensá-lo imediatamente quando ele lhe mostrar quão inteligente é.

Recompensas Aleatórias: o Método Las Vegas

Há um mito segundo o qual se você treinar seu cão com petiscos, ele deixará de ouvi-lo se você deixar de usá-los. As pessoas me perguntam todo o tempo se têm de dar sempre petiscos a seus cães para convencê-los a prestar atenção. A resposta é não. Na fase de ensino preciso usar algo. Mas, uma vez que eles entendam e me dêem aquilo que quero, passo imediatamente para aquilo que chamo de "recompensas aleatórias" ou o "Método Las Vegas".

Não estou falando de desacostumar completamente o cão de receber recompensas. Um cão só precisa saber que sempre há a possibilidade de um prêmio. É como jogar vinte-e-um em um cassino: você só precisa ganhar uma vez para pensar que pode ganhar de novo — e continuar jogando! Se um cão sabe que *pode* haver um petisco classe ouro ali, isso se torna o prêmio que o inspira a manter-se concentrado e a se comportar como você pede que ele se comporte.

Em vista de decidir como trabalhar com recompensas aleatórias, permita-me explicar as duas fases de treinamento de seu cão: a fase de ensino e a fase cotidiana. Na fase de ensino, dou uma recompensa ao cão diante de cada êxito, seja ele pequeno ou grande. Durante o ensino, todos os êxitos são importantes. Uso um saboroso petisco classe ouro e um tom de voz que expressa felicidade e me mantenho à espreita da primeira oportunidade para elogiá-lo. Concentro minha atenção em qualquer coisa boa que o cão esteja fazendo direito. Quando ele faz algo mais rapidamente ou mais bem-feito, dou-lhe uma rápida série de petiscos classe ouro — cinco, seis ou sete sucessivamente, usando meu mais animado tom de voz. Esse é o grande prêmio — ele acabou de puxar a alavanca de uma máquina caça-níqueis, ouviu aquele som característico e ganhou um grande prêmio que parecia não parar nunca mais.

O próximo passo é muito importante. Quando ele começa a entender aquilo que eu quero, paro de premiar todo êxito para recompensar o comportamento do cão aleatoriamente, mas continuo a lhe dar prêmios por um comportamento excepcional. Se eu der um petisco ao cão toda vez que ele fizer algo que eu lhe peça, seu comportamento começará a piorar, não a melhorar, porque a excitação ou as surpresas terão desaparecido. Os psicólogos chamam isso de "compensações aleatórias", e o jogo é um exemplo perfeito para entendê-las. As pessoas têm grande dificuldade de parar depois de terem ganhado uma vez. A idéia é que nós tendemos a considerar inevitável tudo o que seja evidente em nossas vidas. Se deixo de dar recompensas completamente, ou se sempre dou uma recompensa diante de cada coisa, meu cão perderá o ânimo. B. F. Skinner, o célebre psicólogo behaviorista, descobriu que, quando você dá recompensas aleatórias aos animais, eles se tornam mais propensos a aprender do que quando você lhes dá prêmios regularmente. Recompensas aleatórias criam gratidão e nunca são tidas como automáticas.

O momento certo de passar da fase de ensino (na qual as recompensas são dadas em todas as ocasiões) para a fase cotidiana (recompensas aleatórias) é quando o cão entende perfeitamente o que você quer que ele faça. Alguns cães captarão a idéia em poucos minutos, enquanto outros podem precisar de alguns dias. Não importa o tempo que isso leve. O que é fundamental mesmo é que você mude de fase assim que seu cão entender o que você quer.

Quando você dá a seu cão recompensas aleatórias por bom comportamento, ele pensará: "Talvez tenha chegado o momento de eu ganhar o grande prêmio" e continuará a fazer tudo o que você lhe pede que faça. Contudo, a diferença entre jogar em Las Vegas e treinar seu cão é que, em Vegas, o cassino é que ganha sempre. Com o método de treinamento Loved Dog, todos ganhamos!

O Treinamento Relevante

Todos os elementos da rotina diária de seu cão devem ter relevância para o treinamento. Por exemplo: ele tem de se sentar para ganhar qualquer coisa que deseje. Antes de seu cão ganhar o café da manhã, mande-o sentar-se. Antes de você jogar com ele, mande-o sentar-se. Antes de você botar a guia nele, antes de abrir a porta para uma volta de carro ou antes de afagá-lo, mande-o sentar-se. Dessa forma, treinar deixa de ser um exercício isolado que você faz várias vezes ao dia durante uns poucos minutos. Mais propriamente, o treinamento passa a constituir mesmo parte da vida dele.

Meu Duke costuma soltar muitos pêlos. Quando o trouxe para casa, ele não gostava de ser escovado, mas precisava muito disso. Então usei o treinamento relevante. Como vi que ele amava sair para caminhadas diárias, passei a pedir que ele me deixasse escová-lo bem rapidamente antes de eu abrir a porta. Com o tempo, passei a escová-lo mais demoradamente. Agora ser escovado o anima todo porque ele sabe que isso significa que uma *caminhada* se aproxima! Por meio do treinamento relevante, você pode eliminar a necessidade de dar recompensas a seu cão por qualquer coisa que ele faça. Uma vez que ele compreenda a relevância de fazer algo para conseguir algo que queira, terá chegado ao alvo. Lembre-se de dar-lhe um prêmio de vez em quando para mantê-lo entusiasmado pelo treinamento, especialmente se ele tiver um excelente desempenho.

Faça uma lista de todas as coisas de que seu cão gosta e que o mantêm animado. Essa lista pode incluir um passeio, uma massagem, um beijo, um petisco, um brinquedo de mascar, arremesso de bola de tênis ou convite para se juntar a você no sofá ou na cama quando você chega em casa. Depois, imagine que exercício combina melhor com as coisas que você listou. Ensino meus cães a merecerem e a agradecerem cada recompensa! O reconhecimento é algo que deve ser ensinado, aprendido, praticado e integrado na vida cotidiana de nossos cães!

Resumo do Capítulo

- Recompensas são alavancas: recompensas são, ao mesmo tempo, pagamento e motivação para seu cão aprender novos comportamentos.
- Ouro, prata, bronze: divida as recompensas em três categorias, de acordo com o grau de dificuldade do aprendizado.
- Retorno imediato: dê uma recompensa no prazo de três segundos, no máximo, após o comportamento.
- Método Las Vegas: use compensações aleatórias para manter seu cão focado e interessado no treinamento.

CAPÍTULO NOVE

Sociabilização

Sem sociabilização e sem o aprendizado de comportamentos corretos, a perspectiva para a vida de um cão será determinada mais por seu lado lobo do que por seu lado bebê. Viver no alvoroço da sociedade humana, encontrar outros cães sempre preso por uma guia e ser abordado e tocado por estranhos é completamente antinatural para um cão. Dessensibilizá-lo para encarar essas experiências é o ponto onde sua domesticação realmente começa.

Esse processo é exemplificado quando passo algum tempo com uma de minhas famílias favoritas — Eric Idle, sua mulher (e minha melhor amiga), Tania, e seus filhos. Eric é uma celebridade britânica conhecido por — entre muitas outras coisas — trabalhar com alguns dos gênios que criaram o clássico Monty Python. Eles têm o tipo de lar com o qual eu costumava sonhar — pleno de proximidade, brincadeiras inocentes e muito, muito amor. Tudo o que você tem a fazer é seguir o riso, e ali estão todos eles.

Certa manhã, estávamos todos reunidos no estúdio de Eric, junto com seus três maravilhosos cães, Shadow, Bagel e Bridget.

— Papai, o que você faria se tivesse um bilhão de dólares? — perguntou sua filha, Lily.

— Nada — respondeu Eric, sem ao menos parar para pensar. — Eu sou um homem de muita sorte e sei disso.

Que diferença do lugar onde fui criada! Nunca soube quanto estresse e negatividade geral me esperariam. Sinto-me muito feliz de ter os Idles como amigos, que me entendem e partilham meu amor pela vida e um pelo outro como minha família adotiva. Até mesmo Duke, que geralmente tem medo dos homens, estava quietamente deitado aos pés de Eric, embora, pelo fato de ter sido abusado no passado, ele ainda emitisse pequenos rosnados.

— Falarei mansamente com ele, com um sorriso — disse Eric, querendo ajudar. Mas quando começou a cantar de repente, Duke voltou a rosnar.

Eric olhou para mim com um sorriso irônico e provocou:

— E se fôssemos brincar de esconde-cachorro?

Todos nós rimos. Até Duke olhou como se tivesse entendido a piada, e tudo o que pude pensar foi: "Como eu amo essa família!". Olhei para os cinco cães reunidos ali conosco, contentes com a atmosfera de paz e alegria.

É até mais indicado dar início à sociabilização quando o animal ainda é um filhote, mas contrariamente à crença generalizada, ela não é indicada apenas para filhotes. Socializar seu cão é um processo para a vida toda, por meio do qual todo cão pode ser preparado para qualquer situação que possa surgir. Não podemos esperar que a sociedade aprenda a como lidar com nossos cães; o que temos a fazer é ensinar nossos cães a como lidar com a sociedade. Ao longo dos anos, vi muitos problemas de comportamento em cães que poderiam ter sido evitados com uma sociabilização adequada.

Já definimos que a força motriz do comportamento de nossos cães é aquilo que ele vincula à dor e ao prazer. Diante disso, a meta é ensinar seu cão a associar ao prazer todos os fatos de sua vida cotidiana. Isso inclui diversos tipos de pessoas, por exemplo, pessoas altas, baixas, de barba, uniformizadas, homens, mulheres. Isso inclui também diversos tipos de barulhos, como buzinas de carros, aspirador de pó, o barulho das latas de lixo ou o cano de escape de um carro. Os cães ainda precisam ser socializados para lidar com o máximo de crianças possível, desde bebês até adolescentes. Crianças podem ser cansativas para *nós* quando são barulhentas ou quando são agitadas, imagine então quão cansativas elas podem ser para um cão. E acrescente-se a isso o fato de que os cães são quase sempre objeto da curiosidade e do irreprimível afeto das crianças.

A maioria das pessoas pensa em sociabilização em termos de levar o cachorro para fora de casa e apresentá-lo às pessoas, às crianças e a outros cães, contudo isso está longe de ser a verdade. Apenas o fato de seu cão estar exposto a diversas experiências de vida não significa que ele está pronto para encarar qualquer desafio. Exposição não é sinônimo de sociabilização. Para socializar seu cão de uma forma adequada, você precisa vincular na mente dele uma associação prazerosa com essas experiências.

Se seu cão der algum sinal de medo, esse sinal deve ser encarado imediatamente. Um cão medroso ficará travado, brigará ou tentará sair de cena. O medo geralmente vem acompanhado de um rosnado, que muitas pessoas entendem como um mau comportamento que precisa ser sanado. As pessoas pensam que deter o rosnado evitará uma subseqüente mordida. Mas isso é errado! Deter um rosnado é simplesmente eliminar um útil sinal de alarme. A partir daí, o cão, que já está agitado, fica ainda mais estressado, aflito mesmo com o fato de seu dono poder estar bravo com ele, além de tudo aquilo que já está errado.

Então o que você deve fazer? No momento em que você ouvir seu cão rosnando, tire-o daquela situação e descubra o que é que o está amedrontando. Muitas pessoas ficam ofendidas quando ouvem seu cão rosnando para elas, porém nunca é algo pessoal. Enfurecer-se, gritar ou bater em um cão que está rosnando só vai piorar a situação. Ele vai pensar que as pessoas são bem menos confiáveis do que supunha e se aplicará ainda mais em se proteger a si mesmo. Mas agora ele fará isso sem um rosnado de advertência. Por isso, tenha cuidado!

Os cães rosnam por outras razões além do medo, mas essa geralmente é a causa principal. Todos sabemos que a melhor defesa é o ataque, e se o rosnado significa uma ameaça e provoca o recuo, então, na cabeça do cão, ele funcionou. E visto que um comportamento premiado tende a se repetir, seu cão se tornará um especialista em rosnados, visto que ele entende que sua tática afasta a ameaça. Infelizmente às vezes o rosnado pode evoluir para uma agressão sangrenta.

A sociabilização vem justamente evitar essa evolução do medo. Transforme seu cachorro em um embaixador canino e, se ele está amedrontado com algo, não o puna nem tente corrigi-lo. Ao contrário, torne-o menos sensível lançando mão de procedimentos usados com bebês e transforme suas associações dolorosas em prazerosas. Procure fazer os exercícios de sociabilização dentro de casa em aposentos diferentes, fora, na rua e tanto durante o dia como durante a noite. Raramente alguém treina o cão à noite. Por que não? O cão precisa ser socializado quando está escuro lá fora, tanto quanto quando está claro. Interrupções repentinas podem ocorrer a qualquer momento. Por isso, a sociabilização se aplica a todas as horas do dia e da noite, dentro e fora de casa, esteja seu cão andando, correndo ou deitado.

A Dessensibilização

Principie pela disponibilização de um bom petisco para cada vez que seu cão veja um novo cão, pessoa ou até mesmo o assustador caminhão de lixo. Pode até parecer estranho dar uma recompensa a seu cão quando ele estiver com medo de alguém ou de algo. Você pode achar que dar um petisco é recompensá-lo pelo medo. Contudo, você está usando um método comumente aceito pelos psicólogos: minimizar tanto quanto possível o elemento medo e, ao mesmo tempo, aumentar o elemento prazer associado a esse medo em particular. Pensar que um cão deve simplesmente superar isso é tão inútil quanto pedir a alguém que vença seu medo de voar ou de altura. Se seu cão tem medo de algo, acostume-o gradualmente a isso. Muitos medos surgem quando um cão se sente fora de controle, e socializar o cão minimiza esses sentimentos.

Eu tinha verdadeiro pânico de cobras, até mesmo das mais inofensivas. O simples fato de olhar para uma cobra — até mesmo na TV — congelava minha espinha. Imagine se um amigo me dissesse para ir a um aposento onde milhares de cobras serpenteavam pelo chão, pelo sofá, pela mesa de café e pendiam do teto. Mesmo que uma cédula de cem reais estivesse pregada na parede, esperando por mim, será que eu cruzaria o aposento para pegá-la? De maneira alguma!

Mas e se houvesse apenas uma cobra no aposento, dentro de um aquário, e, do outro lado, houvesse um envelope com cinqüenta mil reais dentro? Eu entraria? Pode apostar que sim! No segundo cenário, o medo é minimizado e o prazer é aumentado — diversão garantida.

Algumas semanas atrás, recebi um telefonema de meu amigo Jamie, que precisava de ajuda com sua mestiça de labrador, de 13 anos, chamada Daisy. Daisy estava com medo de Melissa, a massagista, que ia à casa uma vez por semana. Felizmente Melissa queria ajudar. Então pedi a ela que fosse lá todas as vezes que pudesse para dar ração a Daisy, levá-la para passeios de cinco minutos e dar-lhe brinquedos e petiscos. Também pusemos uma das camas de Daisy no carro de Melissa para que ela pudesse sentir ali o próprio cheiro. Da vez seguinte em que Melissa veio fazer massagem em Jamie, ela trouxe a "assustadora" mesa de massagem, e nós agradamos Daisy com petiscos. Em pouco tempo ela passou a ficar feliz ao ver Melissa chegando, porque pensava que a mesa de massagem tinha se transformado em um recipiente de petiscos. E no caso de a visita ser de um vizinho, do carteiro ou do homem que limpa a piscina, eram aplicadas as mesmas técnicas de dessensibilização.

A festa de Halloween poderia ser a melhor oportunidade de sociabilização do ano, visto que todo mundo vem bater a sua porta de modo amigável, o que torna o encontro com todos esses demônios e bruxas uma grande diversão. Tenha à mão uma tigela cheia de guloseimas para as crianças e outra tigela com petiscos para seu cão. Você pode dizer às crianças que elas ganharão doces se pegarem um petisco da tigela e o oferecerem a seu cão. Elas adorarão isso. Seu cão, não menos.

Existem muitos barulhos e experiências de que um cão pode ter medo, não apenas fora de casa, mas dentro também. Existe o ruído do aspirador de pós, o estrondo de um livro caindo no chão ou o barulho de sacudir um saco plástico de lixo. Tenha sempre um petisco à mão, dentro ou fora de casa; assim, quando seu cão ouvir um barulho ensurdecedor ou encontrar alguém novo na rua, ele será recompensado. Isso passará a representar um petisco e uma experiência agradável para ele.

Uma vez que ele tenha passado de uma associação de medo para uma associação de prazer, o encontro de seu cão com algo incomum, barulhento ou ameaçador só fará levá-lo a pensar: "Diabos me mordam! Onde está meu petisco?".

As Fobias

Trabalhei com uma linda filhote de golden retriever chamada Snickers, e quando cheguei à sua casa logo percebi que ela se mantinha agachada em uma postura corporal de submissão. Quando veio em minha direção com aquela carinha linda e doce de filhote dourada, praticamente se arrastava pelo chão, tentando manter-se o mais baixo possível. Descobri que o simples fato de abrir um saco plástico de lixo, atividade de rotina na maioria das casas, aterrorizava-a ao extremo. De fato, quando amarrotei o saco a vários metros dela, Snickers urinou de modo completamente submisso. Detectei imediatamente que a idéia de ensinar-lhe novas palavras e de dar-lhe exercícios de treinamento era muito avançada para ela. Primeiro e acima de tudo, eu precisava ajudá-la a superar suas fobias.

Desde filhote, Snickers era mantida o dia todo em uma gaiola, com raros intervalos para fazer suas necessidades. E isso não era feito por maldade ou crueldade, embora, ao final, tenha dado como resultado uma cadela amedrontada e espantadiça. O casal que era dono dela tinha aprendido que isso era o modo correto de domesticar um cão, e Snickers estava pagando o pato da desinformação deles. E, além disso, seus donos a adquiriram em uma *pet shop*, o que significa que Snickers era o produto de uma das práticas mais desumanas, abusivas, insalubres e debilitantes: as fábricas de filhotes (cf. apêndice ao final para maiores informações).

A partir dali, passei a entender Snickers um pouco melhor e, levando em consideração seu passado em uma fábrica de filhotes, comecei a trabalhar com seus pavores, a começar pelos sacos de lixo. Lembre-se de que a dessensibilização busca diminuir as associações dolorosas e incrementar as associações prazerosas, e foi o que tentei programar no treinamento de Snickers.

Sacudi várias vezes uma sacola e, toda vez, Snickers correu e foi se agachar num canto. E não queria nada com a sacola — ou comigo, aquela que a sacudia. Sem que ela esperasse, ofereci-lhe um petisco classe ouro. "Hummm! Que devo fazer?", ela pensou. Não me movi um só passo em sua direção. Simplesmente segurei o petisco, atraindo-a para mim. Ela se arrastou em minha direção, em atitude de medo, mantendo a traseira o máximo possível colada ao chão. Fez isso comigo, pegou o petisco e fugiu depressa. Ela estava morrendo de medo de estar cometendo um erro mortal. Contudo consegui atrair sua atenção, e o processo de cura tinha começado. Enquanto eu lhe dava petiscos, não mexi no saco de lixo.

Alguns dos indicadores de medo mais comuns são arquejar (o equivalente canino a suar), bocejar muito, lamber os lábios obsessivamente, urinação freqüente e diarréia inexplicável. Os donos de Snickers não tinham noção do tamanho do medo que sua cadela estava exibindo. É comum alguns clientes meus indagarem:

— Esse tipo de medo não é normal? Ele não vai se livrar do medo?

— Não — respondo. — Não vai. Ele não apenas *não* vai se livrar do medo por conta própria como o medo vai piorar cada vez mais, a menos que você o sociabilize. Temos de dessensibilizá-lo e ajudá-lo a entender que a vida é boa.

Toda vez que me punha de pé e amarrotava um saco diante de Snickers, ela fugia. Comecei a colocar petiscos cada vez mais perto da temida sacola de lixo no chão e a dizer "Pegue" toda vez que ela devorava um petisco. Usando um tom de voz que transmitia calma e felicidade e aquilo que chamo de "palavras seguras", estava construindo uma história de recompensa na cabeça de Snickers. Pouco a pouco, fui levando-a a associar prazer às palavras "pegue". E, toda feliz, Snickers comia todo petisco que eu lhe dava e, nesse meio tempo, eu repetia a palavra que lhe transmitia segurança "pegue".

Depois, pus um petisco dentro da sacola. Ela o recusou — uma indicação de que eu precisava facilitar o desafio para que ela pudesse superá-lo. Então, coloquei os petiscos a uns poucos metros da sacola e fui aproximando-os cada vez mais dela. Por fim, Snickers reuniu a coragem necessária para pegar o petisco da boca da sacola, o que a fez ganhar um grande prêmio que eu pus na boca da sacola de novo. "Fiz uma festa", repetindo "pegue, pegue, pegue!". Em poucos minutos, Snickers estava comendo petiscos diretamente da sacola, mesmo quando eu a mudava de lugar!

Em menos de dez minutos, Snickers entendeu que sempre que ouvisse a palavra "pegue" ela podia esperar que se seguiria uma experiência prazerosa. Agora "pegue" tinha se transformado em uma palavra segura. Eu evitei usar a expressão "boa menina", assim como evitei dizer "tudo bem" ou "sem problema" quando ela recuava, para que ela não pensasse que eu estava elogiando seu comportamento medroso. Sei que é duro não sentir pena de seu cão, e você quer dar-lhe conforto em situações aflitivas como essa, mas isso não o ajudará a superar o próprio medo. De fato, superproteger seu cão quando ele estiver com medo só fará aumentar a fobia dele.

Nos dias que se seguiram, pedi aos donos de Snickers que abrissem e fechassem portas fazendo barulho, que jogassem objetos com toda força no chão e ligassem o aspirador de pó. Eles tinham um piano, e sugeri que batessem bem alto nas teclas do instrumento, tudo isso enquanto davam a Snickers petiscos classe ouro. Agora, cabe aos donos continuarem o treinamento e fazerem uma construção consistente, até todos os medos de Snickers virarem coisa do passado.

A Prova do Toque e da Comida

É importante ensinar os cachorros a não se preocuparem, assustarem ou agredirem quando estranhos invadem seu espaço pessoal. Como preparação para o mundo real, os cães devem ser condicionados a se deixarem tocar em todos os pontos do corpo. Veterinários, funcionários de *pet shops* e crianças vão querer ou necessitar tocar seu cão, e ele precisa aceitar bem isso.

Trabalhei com um belo buldogue chamado Winston, que precisava aprender que o toque é uma coisa boa. Toda vez que eu lhe dava um petisco, puxava mansamente a orelha dele, tocava-o entre as unhas ou dava um puxão de brincadeira em seu rabo retesado. Ele aprendeu facilmente não só a aceitar todos os tipos de toque, como a gostar disso. Recorde-se de que, em uma alcatéia, o toque ocorre segundo as vontades do líder. Um animal de baixo escalão não tem permissão de tocar o líder sem ser convidado. Só o líder pode tomar a iniciativa do toque e, ao fazer isso, você está comunicando que detém o poder de mando.

Dediquei certo tempo em um serviço de resgate canino em Londres, que ajudava os donos a solucionar os problemas de comportamento de seus cães em vez de, simplesmente, livrarem-se de seus cães insuficientemente treinados, mandando-os para abrigos. Quando lhes pedíamos algo tão simples quanto escovar seus cães diante de nós, a verdade vinha à tona. Muitas pessoas admitiam que, na verdade, não estavam se mudando para um edifício que não aceitava animais de estimação como tinham dito antes. Os cães eram impossíveis de controlar e não se deixavam nem mesmo escovar, a não ser ao preço de uma briga. Os donos não sabiam mais o que fazer e se sentiam como quem falhara gravemente.

O treinador do serviço de resgate demonstrava como manter os cães sobre uma mesa posicionada perto da maçaneta da porta. Ele punha uma guia no cão, amarrava-a na maçaneta e dava petiscos com uma mão, enquanto escovava com a outra. Inicialmente, a sessão de beleza durava apenas uns poucos segundos. Com o tempo, porém, os cães começavam a entender que se deixarem escovar era o único modo de eles ganharem petiscos classe ouro. Depois de algumas sessões, eles já não opunham resistência à escovação; pareciam até gostar de ser escovados. Felizmente esses animais permaneceram em suas casas com os donos.

Comer é outra atividade na qual os cães precisam ser dessensibilizados. Não sei quantas vezes ouvi alguém dizer:

— Não incomode um cão quando ele estiver comendo.

Um cão que não é sociabilizado está desacostumado a ter companhia no horário de suas refeições, e pode se alarmar e sentir necessidade de proteger agressivamente a própria comida. O cão precisa aceitar e, com o tempo, *gostar* de ser incomodado enquanto estiver comendo. Fazemos isso mostrando a ele que pode ser uma grande, uma fantástica experiência alguém se aproximar de seu prato de comida.

Ensinei um mestiço de labrador chocolate chamado CJ não apenas a me tolerar interrompendo sua refeição, como a estar disposto a ser perturbado. Assim como ocorre com muitos dos métodos do The Loved Dog, treinei-o em etapas. Comecei a fase bronze indo repetidas vezes ao encontro de CJ enquanto ele estava comendo, depois deixando cair um petisco classe bronze em seu prato de comida e depois afagando seu dorso. Isso o acostumou à idéia de que uma aproximação da parte de alguém *podia* representar uma recompensa. Tratei de assegurar que CJ não iria tremer nem ficar tenso e que estaria completamente relaxado quando me aproximasse, passasse por sobre sua cabeça e pusesse os petiscos em seu prato de ração. Ele devia pensar: "Oba! Uma chuva de petiscos! Aleluia!".

E assim que a primeira fase se completou com sucesso, passei para a fase prata.

Como eu já sabia que CJ não mais se incomodava com minhas andanças em torno de seu prato, tratei de aproximar ainda mais minha mão dele: foi quando pus a mão dentro de sua tigela enquanto ele comia e lhe dei um petisco classe prata. Isso provou a ele que minha interrupção significava que ele podia ganhar algo delicioso. Era crucial para ele confiar em que eu não estava tirando sua comida. Antes, que eu estava melhorando-a. Fizemos isso muitas vezes, e quando ele passou a se animar ao ver minha mão em sua tigela, estava pronto para a fase ouro.

Enquanto CJ comia eu o interrompia, pegando sua tigela e pondo ali dentro um estupendo petisco classe ouro: um pedação de frango. Mandava-o sentar e devolvia sua tigela, que agora estava muito mais deliciosa do que antes. Ele entendeu rapidamente que toda vez que eu retirava sua comida era para torná-la melhor e que ele a receberia de volta. Agora ele *queria* que eu o interrompesse! Quando você sociabiliza seu cão desse modo, muitas mordidas podem ser evitadas. Você está ensinando-o que ele não precisa ser possessivo, por mais que ele tenha estima pela própria comida. Em última instância, ele há de aprender que as pessoas podem interromper a refeição dele, mas que isso não é ruim, porque algo de bom pode acontecer.

As Mordiscadas

Mordiscar é um comportamento aceitável em uma alcatéia, porém representa maus modos em nossa sociedade humana. Minha cliente

Erin tinha cortes e arranhões em ambas as mãos, provocados por sua filhote, Honey, uma goldendoodle [uma mesticinha de golden retriever com poodle]. Ela não era malvada nem estava com raiva. Estava apenas demonstrando um comportamento brincalhão próprio dos lobos quando Erin a recompensava por bom comportamento com petiscos ou afeto. Mas quando a boca de um cão está perto de mim, o que eu quero é ganhar um beijo e não outra coisa. Dentes não são uma boa alternativa.

Precisava ensinar Honey a beijar mãos, não a mordê-las. Por isso, recorri a um pote de creme de amendoim. Você pode usar qualquer alimento saudável que possa ser espalhado em sua mão. Alguns cães gostam de creme de amendoim, outros gostam de mel ou de patê de fígado. Espalhei uma fina camada de creme de amendoim nas costas de minha mão e a estendi para que Honey as lambesse. Assim que ela começou a lamber o saboroso petisco, comecei a repetir:

— Beijos, beijos, beijos — com uma voz suave e reconhecida.

— Beijos gostosos — reforcei, enquanto Honey saboreava o creme de amendoim. Estava ensinando a ela que lamber minha mão, ou beijos, era algo que eu queria que ela fizesse, sem corrigir seu hábito de mordiscar.

Embora Honey adorasse creme de amendoim e entendesse que eu queria que ela me beijasse, continuou a mordiscar de vez em quando. Dessa forma, o próximo elemento a que eu recorri foi o retorno negativo. Quando Honey mordiscava minha mão, eu soltava um agudo "ai!" para que ela percebesse que eu não estava feliz. Fazia aquilo de modo que minha voz se assemelhasse ao latido de um cão — o tipo de barulho que ele faria se seu companheiro de brincadeira a mordiscasse com força. Depois que Honey mordiscou minha mão e eu lati "ai!", ela recuou. De novo, dei minha mão a ela para que tivesse uma segunda chance, e ela me beijou — ela conseguiu! A partir daquele ponto, passei a querer que ela beijasse meus pés descalços e, por fim, consegui que ela me beijasse o rosto.

É importante ensinar a seu cachorro o "impedimento de mordida", para que ele aprenda a fazer tudo com os dentes cobertos. Quando ponho um petisco diante da boca de um cão e posso sentir seus dentes quando ele tenta pegá-lo, grito "ai!". Mesmo que isso não me machuque, poderia ter machucado. Recuso-me a continuar com a brincadeira até que ele me lamba ou me dê as gengivas ou a língua quando estiver para pegar o petisco. Posso ver a expressão do cão, como se ele estivesse dizendo: "Tudo bem! Tentarei ser mais suave. Eu não tinha entendido que as pessoas eram tão delicadas".

Recentemente, fui treinar um lindo filhote de boxer, que tinha começado a dar botes e a morder as pessoas. Descobriu-se que o dono da casa começara a lutar com ele. Ele admitiu que passara a se aproximar do cachorro e a bater em sua cabeça, instigando-o com sons de latido, como se estivesse tentando falar a língua dos cães com ele. No dia seguinte, o boxer mal podia esperar para brincar seu jogo favorito, e toda vez que seu dono consentia no jogo, o cão mordia mais forte que antes. Em um curto período de tempo, o boxer ficou tão bom nisso que começou a buscar mais parceiros de jogo, dando botes em todo mundo que encontrasse, um comportamento aparentemente agressivo.

O boxer ainda acrescentou a brincadeira típica dos lobos "pegue-me se for capaz" (correr em volta com um cão raivoso). Ele corria na direção de seu "pai", mordia-o no braço e fugia de novo, pensando que estava fazendo o mais divertido jogo da face da Terra. Afinal de contas, estava em sua natureza praticar essas habilidades de caça brincando daquele modo. Certa tarde, porém, ele resolveu brincar com um dos filhos do dono, que não achou a brincadeira nada divertida. Quando o adolescente o reprimiu, o cão ficou muito confuso. "O que há de errado com você? Meu pai adora essa brincadeira!", ele deve ter pensado. "Será que você pode mudar de idéia? Vou tentar outra vez". E avançou para dar outra mordida e recomeçou a correr em volta, como um lunático.

Embora o filhote fosse ainda muito pequeno para machucar o dono da casa, o que teria acontecido se ele, ao fazer essa brincadeira, mordesse um vizinho ou uma criança? Precisamos ensinar nossos cães que, em circunstâncias específicas e controladas, eles podem lutar com os de sua própria espécie, cuja pele fina é recoberta com pêlos e, por isso, não vão sofrer ferimentos. Queremos que eles entendam que somos criaturas delicadas e que a menor mordidela em nossa pele ou até mesmo em nosso *jeans* pode nos causar uma dor violenta.

Se você gritar "ai!" e seu cão não parar, levante-se imediatamente, deixe o aposento e feche a porta no focinho dele. Ninguém gosta de perder um parceiro. Depois de alguns minutos, volte ao encontro dele e comece a brincar de novo. Pode levar algum tempo, mas os cães compreendem. A separação e o isolamento levarão seu cão a pensar duas vezes. Outra maneira de impedir um cão de morder é brincar de cabo-de-guerra, um jogo que descrevo no capítulo doze. Sou completamente contra quem bate em um cão abaixo do queixo ou contra quem segura sua boca arreganhada, como muitos adestradores recomendam. Desejo que um cão associe as mãos das pessoas com prazer e não com ameaças. Usar métodos violentos para pôr fim a um problema de mordiscar só levará seu cão a agir defensivamente, ou até mesmo agressivamente, quando ele vir você ou qualquer outra pessoa vindo em sua direção.

Os Cumprimentos

Cumprimentamos nossos amigos e familiares de modo diverso dos cães. Desde tempos remotos, os seres humanos olham diretamente nos olhos das outras pessoas e estendem a mão para dar as boas-vindas, e isso é considerado um gesto apropriado, uma demonstração de sinceridade e polidez. Mas esse não é o caso com os cães. Para um cão, olhar diretamente nos olhos é uma ameaça ou confrontação. Quando você estiver trabalhando com sociabilização, nunca olhe um cão amedrontado ou tímido diretamente nos olhos. Se um cão amedrontado não puder se retirar de uma situação, o contato visual direto pode levá-lo a uma reação agressiva. Isso não representa agressão possessiva, territorial ou dominante, mas agressão nervosa, que é uma tentativa de fazer com que a pessoa ou o animal que o ameaçam recuem e aumentem a distância entre eles.

Tente perceber se o corpo do cão está tenso e teso ou relaxado e feliz. Rigidez corporal é um sinal de que ele está *muito* infeliz, a ponto de atacar, mesmo que esteja balançando o rabo. Há uma glândula odorífera na região anal de seu cão, e quando ele estiver com medo tentará encobri-la dobrando o rabo para baixo. Eis a razão pela qual, quando certos cães estão aterrorizados, fazem aquela manobra de cara de mau e de andar e sentar ao mesmo tempo. Um cão arrogante circula com um rabo ouriçado levantado ao máximo. Um cão do tipo feliz e satisfeito segurará o rabo a meia altura, balançando-o mansamente e sorrindo. (Os cães realmente sorriem, assim como usam suas bocas para exprimir desgosto ou medo.)

Embora isso possa lhe parecer bastante esquisito, sugiro a você olhar de lado. Estenda sua mão com um petisco e *deixe que ele venha até você.* Se ele estiver muito amedrontado para aceitar sua mão, mantenha seus olhos desviados da face dele. Sem contato visual, ponha o petisco perto dele, no chão. Aos poucos, você pode trazer o petisco mais para perto de si, até que, por fim, ele aprenda a pegá-lo diretamente de sua mão. Use palavras seguras como "pegue" quando ele o fizer.

O próximo passo é tentar ensiná-lo o exercício "olhe para mim" toda vez que ele for recompensado por ter olhado em seus olhos. Simplesmente segure um petisco classe prata entre seus próprios olhos com a mão. Quando o cão olhar para você, diga:

— Olhe para mim — e lhe dê uma recompensa. Aos poucos, ele entenderá: "Embora os humanos sejam tão rudes a ponto de olharem diretamente em meus olhos, eu realmente gosto disso. Não é assim tão amedrontador. O que é que eu pensava antes?". Essa é uma grande habilidade a ser desenvolvida por vezes, quando você realmente precisa ter a atenção de seu cão.

O que você faz quando uma criança atropela seu cão para beijá-lo no focinho? As crianças sentem o impulso de abraçar animais peludos. Mas, por outro lado, nem sempre os cães estão muito a fim de ser agarrados, especialmente quando o ataque amoroso provém de alguém estranho. O primeiro impulso de uma menininha pode ser cumprimentar o cão com os braços estendidos, correndo na direção dele, do mesmo modo que lhe ensinaram a cumprimentar as demais pessoas. No entanto toda essa história de se aproximar muito pode ser demais para um cão encarar, e ele pode avançar ou até mesmo, Deus nos livre!, morder. A menininha pode até lhe parecer adorável, mas a menos que o cão tenha sido sociabilizado com sucesso, ele a verá como uma ameaça ou como uma potencial atacante. As opções dele são virar estátua, lutar ou fugir. E dado que ele provavelmente estará usando uma guia, fugir é impossível e virar estátua não impedirá a menininha de vir acariciá-lo. A possibilidade que resta ao cão é lutar, a menos que você lhe comunique que ele está a salvo. Se ele estiver tentando sair de cena, não o force a interagir com a linda menininha, ou com qualquer outra pessoa.

Dou ao cão um prêmio assim que ele conhece uma nova pessoa, para transformar a reação amalucada do cão em reação de prazer. De repente, ser abraçado e acarinhado pode não ser tão ruim assim, dado que tem como resultado um prêmio de petiscos classe ouro. Quero aumentar o prazer dele quando um estranho aparece, de modo que ele passe a esperar ansiosamente o próximo estranho.

Ao se aproximar de outro cão, não se dirija a ele enquanto estiver vendo sinais de agitação. Mantenha sempre uma boa distância e não o olhe *diretamente* nos olhos. Se quiser carinho, ele se aproximará de você, especialmente se você estiver inclinado, com o corpo em um ângulo de 45 graus em relação a ele. Simplesmente espere e avalie a situação. Deixe-o farejar sua mão para decidir se quer ou não um novo amigo. Apenas por segurança, pergunte sempre aos donos se seus cães são mesmo amigáveis. Se não estiver certo disso, evite cumprimentar um cão que você não conheça, pois você simplesmente nunca terá como saber como ele está se sentindo.

Encontrando Novos Cães

Os veterinários não estão todos de acordo sobre qual seria o tempo certo para um filhote ser apresentado a novos cães. Há quem acredite que um filhote deve ser mantido em casa, sem contato com outros cães ou o mundo exterior até que tenha recebido todas as vacinas, o que geralmente ocorre na época em que ele tem um ano e seis meses. Há veterinários que defendem que ele deve ser sociabilizado mais cedo. Os filhotes são mais impressionáveis durante essas primeiras dezesseis semanas, que representam uma pequena janela de tempo propícia para a introdução de coisas novas. Em minha opinião, há muito mais cães que morrem por carência de uma sociabilização apropriada do que cães que são vítimas de alguma doença letal. Defendo que devemos manter nossos filhotes em casa até que eles tenham completado seu segundo ciclo de vacinação. Depois disso, encorajo as pessoas a saírem com seu filhote para passear na calçada, sem permitir que se aproximem de fezes ou que entre em contato com cães desconhecidos até que complete o quarto e último ciclo de vacinas.

Às vezes, se você tiver sorte, um cão mais velho o auxiliará no treinamento. Você já viu um filhote endiabrado pulando em cima de um cão mais velho, que o corrige com um rosnado ameaçador? Reagimos como se o animal que fez a correção estivesse errado, mas ele está *certo*, e precisamos aprender a deixá-los se acertarem entre si. Os cães ensinam um ao outro o que é aceitável e o que não é. Assim como as crianças, nem todos os animais de estimação brincam do mesmo modo, ao mesmo tempo. Se as mordidas de seu filhote em um cão mais velho são corrigidas com um rosnado, trate de agradecer a esse cão mais velho. Ele simplesmente prestou um grande serviço ao ensinar as regras do jogo. O cão mais velho está evitando que seu cão se torne agressivo e importuno. Deixe o velho guarda mostrar a seu filhote como brincar com consideração. Ele pode desfrutar a companhia de outros animais de estimação enquanto você desfruta a companhia dos donos deles.

Resumo do Capítulo

- Não exclusiva aos filhotes: a sociabilização é um processo para a vida toda.
- Enfrente o medo: se você perceber que seu cão apresenta medos irracionais, ajude-o a superá-los *imediatamente.*
- Prova de toque: crie uma associação de prazer quando acontecer de seu cão ser tocado por crianças, veterinários e funcionários de *pet shops.*
- Perturbação durante as refeições: ensine seu cão a estar preparado para interrupções durante as refeições.
- Cumprimentos: mostre a seu cão que encontrar estranhos é uma experiência prazerosa.
- Encontrar novos cães: depois que seu cão tiver recebido todas as vacinas, leve-o para se encontrar com outros cães.

CAPÍTULO DEZ

O poder do "sentado"

Considero a posição "sentado" o alicerce de meu trabalho. Ela é o tronco da árvore, e todos os outros comportamentos são como ramos crescendo dali para fora. Muitos adestradores acham que o primeiro passo do adestramento é pôr uma guia ou um colar de espinhos em volta do pescoço do cão, levá-lo para fora e ensiná-lo a andar junto. Mas se ele não sabe nem mesmo sentar, como você vai prender a atenção dele no meio de milhões de cheiros, sons e movimentos que o distraem, fazendo com que você se torne a última influência no ambiente em que ele vive? Você precisa estabelecer um vínculo com seu cão, e o primeiro passo para isso é ensiná-lo a sentar. Quando seu cão se sentir em segurança tendo você como líder, ele se sentirá feliz em ficar junto e seguir seu comando, na medida em que você introduz novos desafios. Ensinar seu cão a sentar sem fazer uso da força ou sem guia é muito fácil, desde que seja algo que ele faça naturalmente.

Faz pouco tempo, trabalhei com um filhote de dobermann branco, de dois meses, chamado Flash. Acho que seu dono, Eddie, estava esperando um adestrador homem, rude, com uma sacola de instrumentos de suplício e um comportamento tosco. Todavia, em vez disso, ele recebeu uma mulher pequena com uma sacola de pestiscos e uma tendência a "fazer festa" toda vez que o cão dele fizesse algo corretamente.

— Ele sabe sentar? — perguntei, ignorando o óbvio desapontamento de Eddie ao me ver ali. Eddie desdenhou:

— Óbvio! Não será necessário começar desse ponto. Flash fica o dia inteiro sentado em todos os recantos da casa. Quero que ele aprenda a andar junto! Quando eu o levo para passear, ele sai me puxando pela rua. Como posso detê-lo?

Visto que Eddie e sua mulher tinham três filhos, eu me agachei no chão, na mesma da altura da criança mais nova e mandei o cão sentar. Ele olhou para mim como se nunca tivesse ouvido aquela palavra antes, dado que pensava que "sentar" só acontecia quando alguém se punha de pé diante dele. Ele precisou de vinte minutos, mas quando, por fim, captou a coisa, fui para a galera "fazendo uma festa", dando-lhe um delicioso prêmio, usando minha voz como confetes.

— Flash não sabe bem como se senta, sabe? — perguntou Eddie mansamente.

— Não, não sabe — disse eu. — Você, agora, entende por que eu não quis levá-lo para fora para lhe ensinar a andar junto primeiro? Ele precisa do fundamento do "sentado". Depois disso, poderemos ensinar qualquer coisa a ele.

Tenho certeza de que você pode imaginar como era divertido e satisfatório ver Eddie, um homem adulto, de terno e gravata, deitado no chão da cozinha a meu lado, "fazendo festa" para Flash!

Lembro-me da primeira vez em que peguei Duke no veterinário e o levei à Covenant House. Embora ele estivesse ansioso para fazer uma série de exercícios, quando o mandamos sentar, ele nos ignorou. Percebi que suas patas, que tinham sido quebradas anteriormente, faziam do sentar uma solicitação desconfortável, o que me permitiu demonstrar aos adolescentes do programa como fazer aquilo que chamo de "treinamento passivo". Ele não exige esforço — apenas muita atenção e petiscos.

Toda vez que Duke se sentava por iniciativa própria, nós o elogiávamos, dávamos um petisco a ele e proclamávamos entusiasticamente a palavra "senta" como se ele tivesse acabado de escalar o monte Everest. As crianças estão sempre admiravelmente abertas a usar suas vozes melodicamente. Desse modo, depois de algumas "aulas de canto" com esses jovens adultos talentosos, sem forçar nem pressionar, Duke aprendeu a se sentar quando pedíamos que o fizesse. E mais: sentar-se passou a ser uma coisa que ele adorava fazer, porque amava a algazarra que fazíamos.

Há muitos anos, fui observar uma aula que era dada em uma *pet shop* local. Um dos cães, um pastor alemão, recusava-se a se sentar. Enquanto cada dono praticava com seu próprio cão na área destinada à aula, a adestradora decidiu ajudar o pastor alemão a superar sua obstinação. Mas não houve sufocação, puxão de pescoço, comando verbal e humilhação que fizessem o cão se sentar. A adestradora lançou mão de todos os recursos abusivos que pôde conceber, incluindo empurrar com todo o peso do corpo a parte traseira do corpo do cão para o chão. Mesmo assim, ele resistia a se sentar, e depois de uma sessão violenta e estressante, acabou dando uma mordida na mão da adestradora. Temendo pela vida do cão, arrumei o número do telefone do dono do pastor alemão e, alguns dias depois, liguei para ele.

— Como vai seu cão? — perguntei.

— Ele está com o veterinário — respondeu o dono.

— Por quê? Você pretende desistir dele? — perguntei.

— Não — informou-me o dono. — Ele estava com um abscesso no traseiro e está sendo tratado.

O pobre do cão estava sofrendo com um abscesso doloroso, mas não tinha com quem falar de sua dor. Quando, por fim, simplesmente não pôde mais suportá-la, começou a morder como modo de autopreservação.

Não foram poucas as pessoas que vi virarem as costas enquanto seu cão lhes mandava uma clara mensagem de que algo estava errado. Certa vez, assisti a uma entrevista terrivelmente incômoda na CNN, na qual se exibia o perfil de uma mulher que permaneceu passivamente sentada enquanto um auto-intitulado treinador de cães espancava seu filhote de pastor alemão de sete meses porque ele era muito rebelde para obedecer. A dona disse que o adestrador tinha lhe dado a seguinte orientação: "Seu filhote pode ganir, tentar escapar ou urinar enquanto eu o estiver treinando, mas isso é normal".

Ora, faça-me o favor! Não há *nada* de normal nesses comportamentos. Se você estiver fazendo a coisa certa e seu cão se recusa a fazer algo, não bata nele. Se ele se recusa a fazer algo sem que o motivo da recusa seja evidente, aconselho-o a pegar seu cão e a levá-lo ao veterinário para fazer um exame completo. Se o veterinário disser que ele está em perfeitas condições de saúde, leve-o para casa e recomece a treiná-lo. Nunca caia na tentação de empurrar, chacoalhar ou pressionar seu cão para obrigá-lo a se sentar. Quando você o força a ficar numa posição, o estresse envolvido inibirá sua habilidade de aprendizado e de calcular por si mesmo, sem falar no abuso físico e mental a que você o submeterá.

O "Ímã"

O modo mais fácil de ensinar um cão a sentar é o método que eu chamo "o ímã". Segure um petisco na mão, cobrindo-o com seus dedos. Esteja certo de não fique nenhuma ponta para fora, de modo que o cão não tenha a chance de roubá-lo, e mova-o para trás, por sobre a cabeça do cão, na direção do rabo. O cão moverá a cabeça para trás, para seguir o petisco, como se sua mão fosse um ímã. Por causa da constituição do cão, mover suavemente o petisco acima de seu focinho na direção do topo de sua cabeça o levará a se sentar. Dessa maneira afável e gentil, posso instantaneamente mover 99,9% dos cães para a posição de sentado, sem uma palavra, sem um toque.

Um erro comum é segurar o petisco muito alto. O dono de um perdigueiro manteve a mão tão acima da cabeça de seu cão, que ele teve de pular para alcançá-lo. Logo percebi que esse dono tinha medo de que seu cão o mordesse. Como conseqüência disso, toda vez que o cão conseguia pôr a boca no petisco, o dono retirava a mão mais que depressa. O cão devia estar pensando: "Esse negócio de pular é engraçado! É muito fácil arrancar o petisco de você". Como você pode facilmente imaginar, suas habilidades de salto aumentaram, ao passo que sua habilidade para sentar simplesmente sumiu. Precisei parar o trabalho e me concentrar em ajudar o dono a se livrar do próprio medo de ser mordido. Depois, tivemos de mudar o sinal de mão para "sentado", visto que o cão pensava que aquilo significava "pular" em seu dono. Foi necessário não mais que um dia para resolver a questão, e o perdigueiro tomou o caminho certo para se tornar um cão educado. Lembre-se: Se você usar o "ímã" e seu cão pular para pegar o petisco, provavelmente você está posicionando a mão muito alto. Se ele começar a andar para trás, em vez de sentar, pratique o exercício contra uma parede, de modo que ele não tenha para onde ir.

Seja animador, paciente e terno durante o processo de aprendizagem e lembre-se de manter os dedos perfeitamente firmes em volta do petisco. Se um só pedacinho estiver à vista e ao alcance dele, seu cão tentará pegá-lo e agarrá-lo por baixo. Nunca subestime a inteligência de seu cão para calcular como conseguir aquilo que ele quer. E assim que seu cão se sentar, dê-lhe um petisco e lhe apresente a palavra "senta" em um tom de voz cantado e contente, repetindo a palavra muitas vezes: "Senta, senta, senta".

Como no exemplo acima, primeiro ensino o padrão e só depois lhe dou um nome. Mostre a seu cão, por meio de sua entonação, que você aprova e está impressionado com o genial comportamento dele. Logo, logo você verá seu cão pensando: "Poxa! Sou um excelente treinador de gente! Toda vez que me sento, ganho uma recompensa. Desse jeito, vou viver sentando!". Seu cão passará a lhe pedir que o treine! Crianças bem novas, de dois ou três anos, podem fazer isso. A prática as ensinará a se manterem calmas perto do cão e pode ajudar crianças que tenham medo de cães a superarem seus temores.

Os Três Níveis do "Sentado"

A lição não acaba uma vez que seu cão tenha aprendido que "sentar" significa "encostar o traseiro no chão". Foi o que Eddie descobriu com Flash, seu dobermann: muitos cães só respondem ao "sentado" quando seu dono está de pé. Anos atrás, em um seminário para treinadores de cães, o instrutor pediu aos participantes que se levantassem e mandassem seus cães se sentarem. Os treinadores zombaram porque achavam que o pedido era ridículo e elementar. O sentimento dominante na sala era: "Por favor! Somos treinadores profissionais de cães!".

Corajoso, o instrutor então pediu a todos que se deitassem no chão e pedissem a seus cães que se sentassem. Vocês podem imaginar o grau de confusão dos cães. Eles ficaram dando voltas tentando entender: o que era que seus donos estavam pedindo? Os cães pensavam que "sentar" significava que, quando a pessoa diante deles se punha de pé, eles podiam acomodar os traseiros no chão. Mas se os donos não lhes dessem a dica física habitual, eles ficariam bem confusos. Até mesmo o mais experimentado dentre os treinadores profissionais pode se deixar cair na armadilha de pensar que está ensinando uma coisa ao cão, quando, de fato, está ensinando algo completamente diferente. Essa é a razão pela qual aconselho você a generalizar o máximo possível cada exercício. Seu cão aprenderá a reconhecer o sinal que você está lhe dando em vez de reconhecer apenas o contexto no qual você geralmente dá esse mesmo sinal.

Se você perguntar por que cargas d'água precisa ensinar seu cão a se sentar enquanto você mesmo está deitado, pense em diferentes cenários nos quais você pode estar no chão — brincando com seus filhos, praticando exercícios de ioga ou sentado num gramado papeando com amigos. Não seria bom poder desfrutar o que está fazendo sabendo que, como líder, continua a manter o controle? Você nunca teria de se preocupar com a possibilidade de seu cão passar por cima de você.

Ensine seu Cão a Sentar Quando Você Estiver de Pé

Visto que precisamos treinar o cão para se sentar em todos os níveis, comecemos pelo mais fácil — a posição de pé. Sempre começo pelo mais fácil de forma que o sucesso do cão encoraje sua confiança para encarar os desafios mais duros que virão a seguir. Comece ensinando o cão a sentar usando um sinal de mão, que é mais fácil de um cão entender do que sua voz. Só mais tarde você ensinará a dica oral. Utilizando o "ímã", erga sua mão acima da cabeça do cão com um petisco nela. Pratique isso até que seu cão comece a se sentar regular e corretamente. Então, repita o exercício usando apenas o sinal de mão — exatamente o mesmo movimento: abra a palma da mão para cima, contudo sem o petisco. Para ensinar a dica oral, diga o nome do exercício, "sentado", mas só depois de o cão lhe demonstrar o comportamento. Depois disso, elogie-o calorosamente.

Uma vez que ambas as dicas tenham sido aprendidas, o bom senso indicará quando usar um sinal de mão e quando usar sua própria voz. Seu cão está fugindo de você e você quer que ele pare, como ele verá que você está fazendo um sinal de mão? Ele precisa ouvir sua voz.

Ensine seu Cão a Sentar Quando Você Estiver Sentada ou Agachada

O segundo nível do sentar-se ocorre quando o dono está sentado — e não estou dizendo sentado no sofá! Trabalhei com Honey, a goldendoodle de Erin, ensinando-a a sentar, e quando me agachei no chão na altura de uma pessoa sentada (a altura de uma criança de pé), ela pulou imediatamente em mim. Ela ficou feliz ao me ver abaixando meu corpo porque, em sua linguagem de lobo, isso significa: "Vamos brincar!". Eu me mantive virada, sem olhar para ela, ignorando o comportamento de que eu não estava gostando. Usei o "ímã" com ela, até Honey entender o sentido da coisa. Ela aprendeu rapidamente a sentar quando estávamos no segundo nível, mas, no terceiro nível, quando me deitei no tapete, o processo voltou à estaca zero.

Ensine seu Cão a Sentar Quando Você Estiver Deitada

No caso de Honey, voltei imediatamente ao "ímã", diretamente de minha posição deitada, levantando meu braço, segurando um delicioso petisco o mais alto que pude, centímetros acima do nariz dela. Honey reconheceu imediatamente o padrão que aprendera quando eu estava de pé ou agachada. Ela seguiu minha mão e, em pouco tempo, aprendeu a sentar enquanto eu estivesse deitada sem que eu precisasse pedir. Isso é o que chamo de bons modos!

Lembre-se das muitas ocasiões em que você está sentado ou deitado no chão e seu cão começa a pular em cima de você. Há algum tempo, recebi um telefonema da cantora e compositora Olivia Newton-John, pedindo que a ajudasse com seu lindo setter irlandês, Jack. Ela gostava de praticar exercícios de ioga no chão, e Jack via isso como uma oportunidade de pular sobre ela, de acarinhá-la e beijá-la. Isso pode parecer lindo, mas, de fato, tornou-se irritante e até mesmo potencialmente perigoso.

Ensinei Olivia a usar o "ímã" com Jack quando ela estivesse deitada, e, em vez de pular em cima dela, ele passou a se sentar. Quando ela reforçou esse comportamento com a palavra "senta", Jack começou a entender a situação, especialmente quando Olivia dava as costas quando ele não obedecia. Quando ela finalmente pôde dizer "Muito bem" e dar a ele um petisco, ele entendeu tudo e passou a se sentar toda vez. Agora ele pode ficar com ela quando ela está fazendo exercícios em vez de ficar exilado em outro aposento. Quando seu cão tem modos, ele pode partilhar mais de sua vida com você.

Trabalhei com um mestiço de rhodesian ridgeback chamado Moby, que fora ganho por seus donos, Matt e Abby, em um programa veiculado pelo Animal Planet chamado *Who Gets the Dog?*, no qual eu era juíza de comportamento. Depois de duas semanas de lua-de-mel, eles descobriram que Moby era um cão bem difícil! Isso não é raro. É fácil dar-se inicialmente bem com alguém (até mesmo com um novo cão), quando esse alguém está tentando causar uma boa impressão. Matt e Abby não tinham a mínima noção de que Moby estava juntando dados sobre sua nova família, dados que o ajudassem a manipular as pessoas e as circunstâncias. (Será que pus o item "agente da CIA" na lista de prováveis atividades de seu cão?)

Assim que Moby se mudou para sua nova casa, Matt, um jornalista especializado em assuntos militares, foi enviado para o Iraque, deixando Abby sozinha com aquele cão superesperto e vigoroso. Quando eu os encontrei, dois anos depois, Abby estava a ponto de dar à luz seu primeiro filho e tinha urgência de ensinar a Moby como se comportar gentil e polidamente. Usamos o lençol no qual eles pretendiam pôr o bebê quando Abby estivesse no chão. Visto que Moby era tão exagerado e desregrado, aquilo parecia ser um grande desafio. Mas, usando meu método do "ímã" e do reforço positivo, Moby felizmente aprendeu a se sentar quando Abby estivesse deitada no chão. Porque achava que aquilo era uma brincadeira, ele adorou entrar no jogo tão rapidamente quanto possível. Ainda lembro seus trejeitos de orgulho quando se sentava no mesmo segundo em que Abby se deitava no chão.

Avance Passo a Passo

Visto que cada cão é um cão diferente, não há meio de prever quando um cachorro entenderá o processo daquilo que lhe está sendo ensinado. Lembra-se de Flash, que precisou de apenas vinte minutos para aprender o segundo nível do "sentado" quando estávamos sentados no chão? Tivemos de segurar a barra com ele, sem fazê-lo se sentir estressado ou derrotado e ele, por fim, entendeu. Depois disso, não houve mais dificuldades, e Flash deu mostras de ser um cão inteligente. Dado que ele adora aprender, e seus donos gostam muito de treiná-lo, ensinei a ele muito mais exercícios do que a média dos cães sabe.

Conheci outros cães que aprenderam a se sentar em dois minutos, mas isso, no fundo, não faz diferença. Treinar seu cão não é o mesmo que competir; é um relacionamento no qual você constrói confiança e encoraja seu cão a se tornar um membro educado da sociedade. Conheci uma senhora que pensava ter tido êxito ao ensinar seu filho a fazer as necessidades no banheiro. Depois, por dois dias seguidos, ele fez tudo nas fraldas novamente. Ela ficou desconsolada, com medo de que seu filho nunca aprendesse a usar o banheiro. Um amiguinho de seu filho era bem mais novo e tinha aprendido a usar o banheiro bem antes dele. Aconselhei-a a relaxar. Ele aprenderia, mais cedo ou mais tarde. E perguntei:

— Afinal de contas, você já viu um adolescente usando fraldas?

Antes de seu cão poder aprender novos comportamentos, você só precisa voltar à etapa zero, isto é, voltar ao sentado. Se quero que meu cão ande de costas, ele tem primeiro de aprender a se sentar. Se eu o ensino a se deitar, ele tem de se sentar primeiro, do mesmo modo como age antes de eu lhe dar a ração. Se, em algum momento, ele não souber ao certo aquilo que quero, levo-o de volta ao fundamento básico, o poder do sentado. Se ele já se senta por conta própria, esse é seu jeito de dizer: "Quero entender você, mas preciso de sua ajuda. Estou educadamente sentado. Então, por favor, será que você pode facilitar as coisas para mim?".

Quando você estiver ensinando a seu cão um comportamento familiar, por exemplo, sentar-se em um lugar novo, ele pode precisar de orientação. Se você o treina apenas em um aposento específico da casa ou na mesma hora todo dia, ele pode não fazer idéia de que deve repetir esse comportamento em qualquer outro lugar ou a qualquer outra hora. Cães não são bons em generalizações. Por isso, varie os horários e os lugares nos quais ensinar seu cão a sentar, e ainda varie constantemente os diversos níveis.

Pratique o exercício do sentado várias vezes ao dia e o inclua em seu treino relevante, fazendo-o se sentar para receber qualquer coisa que queira, como uma forma de dizer "por favor". Não se esqueça de se concentrar em certas áreas — como perto da porta de entrada, em frente à tigela de ração ou no quintal — nas quais seu cão fica mais agitado e fora de controle. A comediante e atriz Lily Tomlin disse:

— O caminho para o sucesso está sempre em construção.

Não acredito que você seja capaz de ensinar a um cão qualquer habilidade treinando-o apenas quinze minutos pela manhã e à noite. Portanto, pratique tanto quanto possa usando todos os minutos livres de que disponha. Toda vez que descobrir novas formas de fazer seu cão se sentir bem-sucedido, você chegará mais perto de ter o cão maravilhoso que sempre desejou a seu lado.

Resumo do Capítulo

- "O ímã": use sua mão como um ímã e movimente-a do focinho até o rabo de seu cão para levá-lo a se sentar.
- Três níveis em que você se encontra:
  1. De pé
  2. Sentado ou agachado no chão
  3. Deitado no chão
- Generalize o exercício do sentado: ensine seu cão a se sentar em diferentes situações.
- Treino relevante: ensinar seu cão a se sentar equivale a ensinar seu filho a dizer "por favor".

CAPÍTULO ONZE

Pular

Toda vez que toco uma campainha e a primeira coisa que ouço é um cachorro latindo dentro da casa, percebo que estou no lugar certo. A porta se abre e, de repente, vejo-me engolfada em um *tsunami de cachorro*! Isso é normal e acontece diariamente em minha vida de especialista em comportamento canino, e sinto-me feliz diante do fato de que, onde quer que eu vá, há um cão esperando por mim. Amo o amor, no entanto preciso lhe dizer: preferia que fosse um amor sem pulos.

Pular é um comportamento natural dos cães. Eles pulam quando cumprimentam alguém e quando estão animados. Para os cães, pular é uma manifestação física de alegria, mas, para os seres humanos, pular significa falta de educação. E se o seu convidado tem medo de cães, está vestindo roupas caras ou com um drinque na mão? Pular pode virar um grande problema, o qual, na realidade, pode ser muito fácil de se resolver.

Para começo de conversa, vamos entender por que um cão pula nas pessoas. Há muitas razões diferentes, tanto sociais quanto instintivas. Socialmente, ele fica agitado quando o vê e tenta chegar o mais perto possível de seu rosto. Se você se ajoelhar, ele não pulará. Ele quer ver seu rosto de perto, dizer "olá" e ficar ligado em sua expressão facial. Pular é instintivamente um comportamento necessário para um descendente de lobo. Quando a matilha sai para caçar, os filhotes ficam na toca com um animal designado como o responsável. Quando um adulto volta da caça para casa, os filhotes começam a pular e a soltar guinchos muito agudos. Isso se parece com um fabuloso "bem-vindo ao lar", e de fato é, mas é, também, muito mais que isso. Os pulos, os guinchos e as lambidas em torno da boca do adulto feitas pelos filhotes provocam a regurgitação da carne crua parcialmente digerida que os adultos acabaram de devorar. Assim os filhotes comem o que o adulto regurgita, e todo mundo fica alimentado.

Contudo, compreender a origem instintiva dos cães não justifica os maus modos deles. Temos de treiná-los para que aprendam a se comportar adequadamente em nossas casas, e é por isso que a sociabilização é tão importante. Puxar seu cão, tentando afastá-lo de seu convidado, não é a solução, assim como não resolve pedir a seu amigo que corrija os modos de seu cão. Isso não é responsabilidade de seu convidado. É sua! Também é *absolutamente* inaceitável fazer o que alguns adestradores recomendam — levantar o joelho e plantá-lo firmemente contra o centro do peito do seu cão. Tenho visto alguns raros adestradores convencionais sugerirem que, quando um cão pula, você deve agarrar fortemente suas patas dianteiras com as mãos e pisar em suas patas traseiras. Isso pode acarretar danos severos às patas do cão.

Certa vez trabalhei com um maravilhoso shepherd branco que se tornara extremamente agressivo. Inicialmente ele se comportava como um cão amoroso e feliz, mas algo deu errado. Descobrimos que um adestrador pisava, muitas e muitas vezes, em suas patas traseiras com pesadas botas de vaqueiro sempre que ele tentava pular. As patas do cão estavam definitivamente lesadas. No momento em que os donos perceberam que o auto-intitulado treinador estava ferindo seu cão, a pata traseira dele estava tão destruída que ele não conseguia caminhar mais que alguns minutos por vez. Esse tipo de "não-treinamento" estressante só faz ensinar o cão a desconfiar das pessoas — sem contar que, *ainda assim*, ele não vai entender o que é que você quer.

Lembre-se de que seu cão fica agitado ao ver você; esse é o motivo pelo qual ele pula! Está tentando alcançar seu rosto, de onde pode ver como você se sente em relação a ele. A alegria e o desejo de união que ele sente não merecem um chute no peito ou a trituração de suas patas traseiras sob a pressão de um corpo muito mais pesado. O método The Loved Dog para treinamento de cães é, de longe, muito mais eficiente que o uso de violência física.

O Retorno Negativo para o Comportamento de Pular

Como discutimos no capítulo sobre os petiscos (Capítulo Oito), um cão punido se torna um cão estressado, e isso pode provocar um comportamento imprevisível e tornar o treinamento extremamente difícil. Em vez disso, você pode usar o oposto de uma recompensa, que, contrariamente ao que prega o senso comum, não é um castigo. É uma não-recompensa, que cria um sentimento de perda e é uma forma sutil, delicada de retorno negativo — que mantém o cão motivado, sem dor ou medo.

Visto que sua função é manifestar claramente a seu cão se você gosta do comportamento dele ou se você quer que ele pare, você terá de usar o retorno negativo para comunicar seus desejos. Apenas elogios e recompensas chegam a esse ponto — e assim como seu cão responde ao ganhar o prêmio, ele também prestará atenção se você o ignorar.

Quando trabalhei com o patinador artístico Scott Hamilton, sua mulher, Tracy, e seu filho de 2 anos, Aidan, mostrei a eles como usar o retorno negativo para ensinar seu cavalier king charles spaniel, Boogie, a não pular. Ao começar nosso treinamento, cheguei à casa e toquei a campainha. Quando Scott abriu a porta, Boogie estava tão agitado para ver a visitante que imediatamente pulou em mim, querendo alcançar meu rosto. Dei-lhe as costas, e isso foi interpretado pelo cão como um retorno negativo, visto que meu rosto, de repente, ficou fora de seu alcance. Assim que ele se firmou no chão sobre suas quatro patas, sem saber bem o que fazer, fiz-lhe o sinal de mão de sentar. Quando ele se sentou, "fiz a festa", dei-lhe um prêmio e disse "senta" com um tom de voz feliz e um sorriso no rosto. Depois de algumas tentativas, ele começou a entender o jogo.

Esse exercício é tão simples e eficiente que até uma criança pode fazê-lo, e foi isso que demonstrei com Aidan. Perguntei a ele:

— O que você vai fazer quando Boogie pular?

Aquele doce menininho loiro virou de costas para nos mostrar o que faria. Então "fizemos uma festa" com Aidan, do mesmo modo como tínhamos feito com Boogie, sem os petiscos para cães, claro! Toda vez que Boogie pulava, eu repetia meu comportamento. Virava de costas até que ele devolvesse as quatro patas ao chão. Aí eu lhe pedia que se sentasse e lhe dava um petisco.

Quando me viro, fica clara a mensagem de que estou dando ao cão um retorno negativo. Virar de costas mostra a ele não só que não vou lhe dar o que quer, como também estou tirando algo dele. Depois de uns momentos de silêncio, o cão entenderá que pular não o fará ganhar atenção. Então, digo-lhe para se sentar e lhe dou um petisco, e ele entende que o sentar-se *lhe dará* aquilo que ele quer.

Quando alguém tenta impedir fisicamente um cão de pular empurrando-o ou tentando passar-lhe uma rasteira, está cometendo um tremendo erro. Não tente parar o cão durante o pulo. Deixe-o pular primeiro. De que outra maneira você poderá mostrar-lhe que o comportamento dele é inaceitável no mundo que vocês compartilham? Deixe-o pular e depois sentir a experiência do desapontamento quando você lhe virar as costas.

Premiando o Bom Comportamento

O boxer de Patricia, Henzo, estava tão animado quando toquei a campainha da casa deles que agiu como um exuberante homem das cavernas! Assim que a porta se abriu, ele começou a pular em mim sem parar, como se eu fosse uma amiga de longa data. Henzo era hiperativo porque só fazia exercícios quando conseguia fazer Patricia persegui-lo em volta de casa. Precisei encontrar um escape para sua energia. Para tanto, em vez de ensiná-lo a se sentar, deitar-se ou andar para trás, eu o atraí para um cabo-de-guerra. Henzo estava louco para fazer um jogo novo, e depois que ele tinha gastado um pouco de energia, parecia muito mais contente. E, então, Henzo podia se concentrar.

No começo, ele pulava em Patricia para ganhar um petisco. Era como se estivesse pedindo: "Mamãe, me dê um!". Mas ele só receberia um petisco quando se sentasse. Na verdade, encorajei Patricia a recriar os comportamentos que antes levavam Henzo a pular, mas, a partir daquele momento, tudo o que ele tinha de fazer era se sentar para ganhar uma recompensa! Desde então, atendíamos às necessidades dele sem que ele precisasse regredir ao mau comportamento. Afinal, é isso o que significa ensinar bons modos.

Sugeri que, quando Henzo se sentasse na presença de Patricia, em poucos segundos ela deveria elogiar o bom comportamento dele com um sorriso e as palavras "muito bem!". De vez em quando, ela poderia dar-lhe um petisco. E só quando ele realmente tivesse entendido que, em vez de pular, deveria se sentar, Patricia poderia mudar para prêmios aleatórios, o que manteria Henzo alerta e interessado.

Os Convidados

O melhor modo de ensinar seu cão a não pular nas visitas é arrumar alguns convidados "fictícios" que ajudem a recriar uma situação real. Seus convidados fictícios precisam saber por que você os convidou e o que espera que façam: dar as costas e ignorar o cão quando ele pular, sem empurrá-lo. Qualquer eventual reunião social funcionará.

Você pode até usar o treinamento como um motivo para reunir os amigos e assistir a um jogo de futebol ou ver TV numa quinta-feira à noite — quanto mais sangrento, melhor!

Durante os intervalos comerciais, peça a cada um de seus amigos que saia, toque a campainha e espere que você e seu cão o acompanhem de volta à sala. Não se esqueça de servir bebidas e comidinhas como recompensa para seus generosos amigos, amantes de cães, com um prêmio especial para quem se sair melhor na encenação! Peça ao carteiro ou aos vizinhos que também encenem e recriem a situação em que seu cão pula em vez de evitá-la. Encare o desafio de peito aberto.

Quando fiz o papel de convidada fictícia para Alicia e seu cão, CJ, propositadamente toquei a campainha muitas vezes, sabendo que isso deixaria CJ muito agitado. Quando ele começou a pular sobre mim, Alicia me pediu delicadamente que virasse de costas. Quando me virei, CJ compreendeu que estava sendo ignorado. Sua próxima investida foi virar-se para sua mãe, que o mandou sentar. Quando CJ sentou e ficou esperando, Alicia "fez uma festa" e o recompensou com alguns saborosos petiscos. Então eu saí para repetir a cena. E, em tempo recorde, CJ começou a entender o que tinha de fazer.

Por favor, não se preocupe em tentar fazer seu cão se sentar e ficar parado *antes* de você abrir a porta para as visitas. Deixe-o pular, de modo que possa experimentar o retorno negativo. Logo, logo ele não vai mais tentar pular nas pessoas porque todo o prazer vem de você. Lembre-se de que seu cão precisa de muito reconhecimento de sua parte para que quando uma fonte de excitação chegar a sua porta você seja capaz de prender a atenção dele, impedindo-o de pular sobre os convidados.

Esteja consciente de um padrão que poderia ficar gravado na mente de seu cão: pule, sente, ganhe uma recompensa. Essa é uma armadilha que você deve fazer de tudo para evitar. Se você reconhecer que esse tipo de padrão está começando a se formar, ignore-o, até que a luz se faça em seu ativo e pequeno cérebro. O cão tem de aprender a se sentar sem pular antes. No início, você pode recompensá-lo a cada vez, mas uma vez que ele tenha aprendido que se sentar é a alternativa certa, e não pular, ele não precisará mais de petiscos.

Resumo do Capítulo

- Retorno negativo: vire as costas para seu cão se ele pular.
- Premiando o bom comportamento: recompense-o quando ele se sentar; mande-o sentar-se em vez de pular e recompense esse comportamento.
- Convidados "fictícios": peça a convidados previamente determinados que virem as costas a seu cão enquanto você chama a atenção dele e corrige-lhe os modos.

CAPÍTULO DOZE

O melhor jogo de lobo

Pelo fato de caçarem em matilhas, os lobos são completamente interdependentes e não podem suportar uma ofensa feita a qualquer um dos membros do grupo. E são muito inteligentes para poderem conceber um modo de desafiarem-se entre si para estabelecer a própria ordem hierárquica sem causar nenhum ferimento. Sabem como fazem isso: jogos! Examinemos os três jogos de que tomam parte lobos e cachorros de apenas duas semanas de vida. Para poderem sobreviver em um meio selvagem, os lobos devem ser caçadores soberbos, e eles aprimoram suas habilidades da seguinte forma:

- caçando uma presa;
- derrubando-a no chão;
- puxando a presa para si para arrancar um pedaço de carne suficiente.

Embora os jogos sejam um modo fantástico de ensinar, não recomendo que você e seu cão cacem ou lutem juntos. A caça é uma péssima idéia, porque caçar é ensinar seu cão a se afastar de você, o que prejudicará a habilidade de seu cão para aprender a vir quando você o chamar. E ainda, os cães são muito mais rápidos e ágeis do que nós;

logo, eles vencerão sempre nesse jogo. Isso dará ao cão a idéia de que é ele o alfa, porque pode correr muito mais que você.

A luta também não é um bom jogo para fazer com seu cão, pois eles, quando lutam, costumam a usar os dentes. Isso pode ser perigoso, porque um cão pode tentar iniciar uma agressão contra um estranho ou uma criança com resultados desastrosos.

O Cabo-de-Guerra

O terceiro jogo dos lobos — o cabo-de-guerra — estimula uma competição sadia entre os membros da matilha. Ele representa o último estágio da caça, quando os lobos estabelecem a ordem social desafiando outro na disputa por comida. O líder da matilha sempre acabará ficando com o maior e mais saboroso pedaço. O cabo-de-guerra é o único dos três jogos de lobo que você deve experimentar com seu cão porque é o único no qual você pode vencer — e você *tem* de terminar com o prêmio.

Assisti a um cabo-de-guerra pela primeira vez enquanto observava lobos em seu *habitat*, sem entender de imediato que se tratava de um jogo. Vi um lobo jovem agarrar um galho de árvore e começar a mordê-lo. Não havia passado nem um minuto quando outro jovem lobo tentou tomá-lo do primeiro... o jogo começara. Naquela época, pensei que eles estivessem lutando, especialmente quando o segundo lobo tentou arrancar o galho da boca de seu irmão e só conseguiu um punhado de folhas. Ele rosnou e arremeteu contra o vencedor durante alguns segundos enquanto o primeiro lobo girava, tentando fazer uma barreira com o corpo para o segundo não alcançar o galho. Foi quando entendi que eles estavam brincando, não brigando, fazendo-me lembrar das brincadeiras de crianças. Vi essa mesma cena milhões de vezes, quando duas crianças querem o mesmo brinquedo e uma delas faz tudo o que pode para impedir a outra de tomá-lo.

Decidi experimentar, ainda em Israel, o cabo-de-guerra com meus próprios cães, que simplesmente não se cansavam dele. Fiquei surpresa com o fato de que os cães estavam muito mais felizes e se comportando melhor depois do jogo do que antes. Comecei usando um galho de árvore com meus cães, mas um brinquedo de pelúcia ou uma corda funcionam melhor. Um brinquedo que emita som é ainda melhor, porque o som aumenta a diversão do cão e pode ajudar a prender sua atenção.

Ao contrário do que geralmente se pensa, se jogado corretamente, o cabo-de-guerra *não* tornará seu cão agressivo. Antes, o acalmará, pois lhe proporcionará uma forma de extravasar sua necessidade de competir ao mesmo tempo em que confere a você a posição de líder. Imagine-se levando um menino hiperativo à aula de caratê. Esse menino precisa entender que não pode sair chutando e brigando na escola e que, às cinco horas da tarde, será levado a um ambiente controlado, no qual poderá chutar e esmurrar à vontade. Na sala de aula, há normas e orientações a seguir para que ninguém se machuque, e o menino sabe que, se ele se recusar a seguir as regras, a professora não vai deixá-lo participar. Ele vai querer se comportar para não perder a chance de usar sua energia extra e de se divertir com seus amigos.

Se o cabo-de-guerra for jogado do modo correto, ele realmente pode estabelecer a paz, mesmo que você se sinta desconfortável com a ferocidade da brincadeira de um cão e com os ruídos que ele pode fazer. Pense no futebol e no hóquei — ambos são esportes que parecem ser extremamente agressivos e combativos. Os jogadores intimidam-se uns aos outros com observações raivosas e olhares furiosos que parecem querer dizer que seriam capazes até de se matar entre si. Mas eles acabam o jogo com apertos de mãos e um amigável "muito bom jogo!" Depois muitas vezes vão tomar cerveja juntos para celebrar ou curar as feridas.

Recentemente, encontrei os donos de um jack russell terrier muito travesso chamado Ernie. Eles o amavam ternamente, mas estavam bastante frustrados com o animalzinho. Queriam muito incorporar Ernie a suas vidas, todavia o cão tinha tamanha energia que não conseguia se sentar nem por brevíssimos segundos. Como uma criança com distúrbio de déficit de atenção [DDA], ele era tão hiperativo que ninguém conseguia prender sua atenção o suficiente para lhe ensinar uma só coisa que fosse.

Peguei uma corda e a segurei diante de Ernie. Ele agarrou uma ponta com seus dentes e me encarou. Parecia não estar acreditando que eu realmente estivesse iniciando aquele fabuloso jogo com seu brinquedo favorito. Dei um rápido puxão na corda... foi o que bastou. Sua admiração se transformou em determinação, e ele começou a morder para valer. Na medida em que puxávamos e arrastávamos ao mesmo tempo, vi o lobo que havia dentro dele me medindo com um olhar de prazer que eu vira tantas vezes antes quando jogara aquele mesmo jogo. Seus olhos estavam arregalados, como querendo me dizer: "Graças a Deus! Até que enfim! Eu estava realmente precisando disso". Quando acabamos uma série de jogos de cabo-de-guerra, Ernie estava exausto, feliz em poder se deitar mansamente a meu lado.

Em circunstâncias normais, o cabo-de-guerra acalmará seu cão, mas preciso fazer uma advertência: você tem de se assegurar de que não está jogando cabo-de-guerra com um cão excessivamente agressivo, porque, nesse caso, você pode se machucar gravemente. Este livro foi pensado para ajudá-lo a lidar tanto com os costumes quanto com alguns problemas comuns de comportamento. Ele não foi escrito para resolver problemas severos de agressividade, que devem ser profissionalmente avaliados para se poder determinar com que tipo de questão você está lidando. Para que a agressividade diminua, determinadas coisas precisam acontecer simultaneamente no ambiente em que o cão vive enquanto você dá início ao processo de mudança do comportamento dele. Na verdade, não existe solução fácil para a agressividade. Por isso, esteja alerta e se assegure de que não está se expondo a riscos quando der início a um amigável jogo de cabo-de-guerra.

As Regras do Jogo

Regra n. 1: É você quem deve iniciar o jogo, sempre

Quando Duke foi resgatado de seu passado de abusos, ninguém nunca brincara com ele, e ele não tinha idéia do que fosse um brinquedo. Ofereci-lhe a ponta de um brinquedo de pelúcia que emitia sons, e ele olhou para mim como se eu fosse uma maluca. Comecei a puxar o brinquedo pelo chão, como se ele fosse um animal vivo, guinchando o tempo todo. Eu prestava atenção apenas ao brinquedo e fingia estar me divertindo muito com ele. Depois, no momento em que Duke pôs a boca nele, deixei, assim como o deixei vencer, como se ele fosse incrivelmente forte. Todo mundo gosta de vencer; desse modo, quando reforcei esse comportamento, ele puxou o brinquedo com mais força e passou a segurá-lo por mais tempo.

Aquilo me lembrou uma festa de aniversário de criança da qual participei e na qual todo mundo estava brincando, menos uma das crianças, Jack, que estava mal-humorado e mantinha certa distância. Aos poucos fui me aproximando dele, e sua mãe nos apresentou.

— Jack, essa é Tamar — ela disse. — Diga "oi".

Abaixei-me para ficar na altura dele e disse:

— Você sabe como brincar de "dá cá mais cinco"*, Jack?

Ele olhou para mim como querendo dizer: "Por favor, senhora! Não sou um bebê. Tenho 4 anos". Quando ele levantou a mão para fazer o cumprimento, fiz a mesma coisa que faço quando brinco de cabo-de-guerra com cães — deixei-o vencer caindo para trás, como se ele fosse incrivelmente forte e eu não agüentasse manter meu equilíbrio. Vocês tinham de ouvir a risada que ele deu. Sério!

* Forma de cumprimento, muito comum entre adolescentes, em inglês *high five,* provavelmente originária dos *rappers,* ou ainda uma forma de comemoração, na qual os parceiros se cumprimentam batendo uma ou as duas mãos espalmadas no ar. [N. do T.]

— Você sabia que Jack era tão forte assim? — perguntei à mãe dele, piscando o olho para ela. Jack e eu brincamos juntos toda aquela tarde, e com todos os meus passos ninja, acabei ficando um pouco machucada, mas Jack parecia estar no paraíso. Quando reencontrei Jack e seus pais seis meses mais tarde, ele praticamente pulou por cima do pai e correu a meu encontro com sua palma esticada para a gente brincar de "dá cá mais cinco". Todo mundo gosta de se sentir um vencedor.

Recentemente, trabalhei com um filhote de boxer branco chamado Paco. Assim como Duke, Paco não sabia que fazer cabo-de-guerra com um brinquedo podia ser tão divertido. Precisei despertar os instintos de lobo em Paco pondo um brinquedo no chão e fazendo-o emitir um som para chamar a atenção dele. Não o *enfiei* na boca dele. Isso não seria um convite. Você consideraria um convite para almoçar se alguém enfiasse um pedaço de sanduíche de peito de peru em sua boca?

Pelo fato de os cães terem um instinto natural para procurar pequenas presas pelo chão, pus o brinquedo no chão ao lado de Paco. Assim que ele pôs o brinquedo na boca, agarrei a outra ponta. Em poucos minutos, meu parceiro foi agarrando cada vez mais fortemente o brinquedo. Depois de eu tê-lo deixado vencer algumas vezes, ele estava fisgado para sempre — justamente o tipo de vício que você quer que seu cão adquira!

Uma vez que Paco aprendeu o jogo, comecei a brincar com ele movimentando meu braço ritmadamente, usando movimentos longos e vagarosos de um lado para outro, enquanto nós dois segurávamos o brinquedo pelas pontas. Ele corria de um lado para outro, segurando o brinquedo na boca com toda a força. Então, eu dava umas boas puxadas no brinquedo quando Paco estava exatamente em minha frente e, por fim, deixava-o vencer. Ele mantinha o brinquedo na boca com ar de vitória, mas não se afastava de mim. Eu nunca tirava o brinquedo dele, por isso ele confiava em mim. Nessa fase, eu o deixava vencer 90% das vezes para construir sua confiança e reforçar seu desejo de continuar brincando.

Regra n. 2: Você deve vencer 90% das vezes. Se vencer todas as vezes, perderá seu parceiro, porque ninguém quer jogar um jogo no qual perde o tempo todo

Uma vez que um cão está fisgado pelo jogo, só o deixo vencer 10% das vezes. Isso estabelece minha posição de alfa, sem apagar nele a esperança de que pode vencer também. Lembre-se de que seu cão deve sempre vê-lo como o líder da matilha. De outra forma, você estará deixando a porta aberta para o caos se instalar em sua casa e em seu relacionamento com seu cão. Há pessoas que usam de força bruta e de crueldade como demonstração de domínio, mas isso valerá apenas para tornar seu cão inseguro e o levará a manter-se sempre na defensiva. É muito melhor estabelecer sua posição como chefe usando a linguagem que os cães vêm usando por milhares de anos. Jogar os jogos de lobo corretos não apenas envia a clara mensagem de que você é o líder, como também constitui uma grande oportunidade de estabelecer vínculos entre você e seu cão, além de ser diversão garantida, claro!

Regra n. 3: Larga!

Seu cão precisa largar o brinquedo quando você mandar, porém um cão não fixa facilmente esse comportamento, porque ele vai contra todos os seus instintos. Tenho algumas sugestões para isso. Primeiro, você pode usar petiscos ou ração para incitar o cão a largar o brinquedo em favor de um item mais agradável ao olfato.

Moby, o mestiço de ridgeback de 3 anos, era um cachorro das cavernas, que não obedecia a regras nem sequer tinha um leve sinal de bons modos. Ele assumira a liderança em seu mundo, e isso a ponto de ter-se tornado altamente agressivo quando alguém tentava tocar em sua ração ou em seus brinquedos. Eu não queria agitar Moby. Então usei comida para convencê-lo a largar o brinquedo. Ele me moveu uma luta feroz antes de largar o brinquedo, e eu me senti como se tivesse sido balançada e arremessada de um lado para outro por um crocodilo. Moby era tão intransigente em sua decisão de não largar aquele brinquedo que, mesmo quando tentei persuadi-lo com um delicioso petisco de fígado. que ele adorava!, pareceu não estar nem aí.

Em meio a um movimentado cabo-de-guerra, nem mesmo meus atraentes petiscos de fígado eram suficientemente convincentes! Eu precisava de um petisco classe ouro ainda melhor para instigar Moby a abrir a boca. O truque foi um pedaço de cachorro-quente. Precisava ensinar a Moby que largar seu brinquedo era prazeroso porque ele poderia tê-lo de volta logo e, ainda por cima, ganhar um petisco a mais. Até aquele momento, ele associava a palavra "larga" com um sentimento de dor. Agora "largar" foi para o topo de sua lista de coisas prazerosas que ele e seu dono podem fazer juntos.

A segunda opção implica tocar o cão, uma das raras exceções à regra de não tocar. Eu digo:

— Moby, larga! — duas vezes e, se ele ainda ficar segurando o brinquedo, uso meu dedo médio e o polegar para criar aquilo que chamo de "ponte" e a coloco em seu focinho.

Delicadamente empurro a pele dos lados de seu lábio superior para dentro de sua boca, para o espaço que fica exatamente atrás dos dentes caninos. Quando ele tenta morder mais fortemente, no esforço de prender melhor o brinquedo, sentirá a própria pele em contato com os afiados dentes e abrirá a boca. Nesse ponto, seguro o brinquedo. Uso a pressão mais suave possível para não causar dor, e esse comportamento do tipo "larga" demonstra a Moby que posso tirar o brinquedo dele sem usar a força. Isso me confere a posição de liderança pelo controle dos recursos.

Regra n. 4: Senta!

No momento em que o cão larga o brinquedo, mando-o sentar, e depois lhe devolvo o brinquedo, e assim o jogo tem seqüência. Digo:

— Pega! — quando devolvo o brinquedo ao cão para que ele aprenda a não ter medo de largar o brinquedo. Ele entende que estará recebendo o brinquedo de volta *em pouco tempo*. O cão aprende que não será privado de prazer ao largar seus brinquedos e sentirá felicidade em largá-los sem agressão.

A seqüência é: larga, senta, pega! Inicialmente, realizo a seqüência em grande velocidade, porque quero que o cão apreenda o padrão. Enquanto ele não entender o padrão, por favor, não teste a paciência de seu cão fazendo-o esperar pelo brinquedo. Afinal, você quer que ele compreenda que seu comportamento lhe traz uma recompensa imediata.

Regra n. 5: Você fica com o brinquedo no final

No fim do jogo, você deve pegar o brinquedo e levá-lo embora, pondo-o fora do alcance do cão. Você deve parar o jogo antes que seu cão perca o interesse. Deixe-o sempre querendo mais.

Muitas pessoas pensam que sabem jogar cabo-de-guerra com seus cães, mas, na verdade, não sabem. Elas arrebatam bruscamente o brinquedo da boca de seus cães, transformando o cabo-de-guerra em um jogo de força física, em vez de um jogo de controle. No fim, quando o jogo acaba, vão-se embora e deixam o cão com o brinquedo. Essa versão distorcida do cabo-de-guerra transmitirá a seu cão a mensagem de que ele é mais poderoso que você, porque os recursos são deixados com ele. Nenhum cão ou lobo alfa em seu perfeito juízo jamais deixa recursos valiosos com um animal de posição inferior!

O BASTA

Vários clientes me perguntaram, profundamente frustrados:

— Onde é que fica o botão de desligar meu cão?

Bem... não há botão de desligar, mas há uma palavrinha, "basta", que pode transmitir uma grande carga sentido a seu cão.

Depois que ensinei o cabo-de-guerra a Moby, pus o brinquedo de pelúcia que estávamos usando em cima de uma grande cômoda, fora de seu alcance. Depois eu disse a ele: "Basta!" com meus braços vazios e com as palmas de minhas mãos para cima. Se Moby fosse um lobo, isso teria sido nossa batalha pelos despojos de uma caçada bem-sucedida. Arrastar e puxar de cada lado de nossa presa teria determinado qual de nós acabaria com a comida. Mas, em vez de lutar pelo brinquedo, eu digo "larga" e, depois, "basta". Isso me põe em posição de poder e de força. Se eu deixar a comida — ou, em nosso caso, o brinquedo — no chão, onde o cão possa pegá-la, eu perco. Se levo o brinquedo embora e digo "basta", meu cão e eu ganhamos, porque reforço minha posição como líder e ele aprende a ser bem educado.

"Basta" significa simplesmente isso. Não significa que eu esteja sem petiscos ou brinquedos. Tenho tanto uns como outros, assim como tenho todo o tempo disponível. Mas quando eu, como a líder, decido que o jogo acabou — seja ele um passeio de carro, uma caminhada, uma sessão de natação ou até mesmo um jogo mais demorado de esconde-esconde —, libero o cão dizendo-lhe "basta". Meus meninos conhecem o sentido dessa palavra: quando estou muito ocupada ou quando já brinquei demais com eles. Não gosto de ser cutucada e empurrada de lá para cá. Por isso, quando digo "basta", meus cães vêm e se deitam perto de mim. Eles podem até ficar à toa, mas nenhum deles pode ter tudo aquilo que queira o tempo todo. As pessoas costumam usar a palavra "ok" como palavra de liberação, mas essa expressão é genérica demais para um cão porque freqüentemente a usamos em nossa conversação habitual. "Basta" reforçará sua posição de líder e você decide quando é o bastante — em seu tempo, não no dele.

Resumo do Capítulo

- Regra n. 1: É você quem deve iniciar o jogo, sempre.
- Regra n. 2: Você deve vencer 90% das vezes.
- Regra n. 3: Larga! O cão deve aprender a largar o brinquedo.
- Regra n. 4: Senta! O cão deve se sentar antes de ganhar o brinquedo de volta.
- Regra n. 5: Você fica com o brinquedo no final.
- Tornar-se o líder: encerre o cabo-de-guerra dizendo "basta" para se posicionar a si mesmo como o líder.

CAPÍTULO TREZE

O poder dos brinquedos

Patricia observava, enquanto eu mergulhava no grande cesto transbordante de brinquedos para cachorro que ficava bem no meio da sala de estar. Peguei um leão amarelo do topo da pilha e falei alto "brinquedo". Henzo, o boxer, olhava para nós, perguntando-se o que iria acontecer. Havia meses ele não dava a devida atenção àquele cesto, mas cada vez que eu tirava um da pilha, ele ia ficando mais interessado, não tanto nos brinquedos em si, mas naquilo que eu estava fazendo com eles.

"Brinquedo", eu disse outra vez, enquanto pegava um urso de pelúcia do cesto. O urso foi seguido por dois outros ursos, também de pelúcia, em tamanhos e cores diferentes, e por mais alguns brinquedos de pelúcia coloridos — *todos* brinquedos. A mãe de Henzo, sempre muito bem-intencionada, tinha comprado para ele montes de brinquedos, mas nunca o ensinara a brincar com eles! Patricia começou a rir, enquanto eu seguia recolhendo os brinquedos abandonados de Henzo. Cada um que eu pegava era ideal para brincar, exceto um pequeno brinquedo de roer do fundo do cesto, chamado osso de náilon.

Os brinquedos para cães classificam-se em duas categorias:

- Brinquedos: para o cão brincar com você;
- Brinquedos de roer: para o cão brincar sozinho.

Os Brinquedos

Já lhe aconteceu de chegar em casa e encontrar as partes do corpo de um animal espalhadas pelo chão? Não há brinquedos na natureza. Por isso, a menos que seja ensinado de outro modo, um cão faz a um brinquedo aquilo que qualquer lobo faria — ele o "mata". Para controlar esse instinto de destruição e manter os brinquedos "vivos" por um pouco mais de tempo, você precisa ensinar a seu cão jogos apropriados como buscar, pegar e cabo-de-guerra, que darão conta dos aspectos e necessidades próprias de um lobo que são inatas a seu cão.

Meus brinquedos favoritos são os de pelúcia, que eu uso para jogar cabo-de-guerra. Meus cães e eu também adoramos usar frisbees e bolas de tênis. Toda vez em que você for comprar um brinquedo para seu cão, certifique-se de que não haja botões ou outros objetos que ele possa engolir, ou qualquer outra parte que possa ferir ou sufocar seu cão.

Os Brinquedos de Roer

Roer é quase sempre um problema para donos de cães. Quando deixados por conta própria, os cães podem virar estilistas, rasgando costuras e rearranjando o comprimento das bainhas com suas próprias bocas. Alguns cães se tornam decoradores, retrabalhando cortinas com os próprios dentes, até que elas se assemelhem a saias de dançar hula-hula. Uma grande amiga minha, Wrenn, chegou em casa certa noite e encontrou toda a casa redecorada por sua pequenina sheltland — o que não é nada divertido e muito caro de consertar!

Roer é um comportamento natural para um cão. Isso significa que você não pode impedi-lo de desempenhar essa atividade, contudo você pode redirecioná-la para uma saída adequada — brinquedos de roer.

Um cão pode roer um brinquedo, mas isso não o transformará em um brinquedo de roer. Brinquedos de roer são coisas que seu cão pode mastigar (e em alguns casos consumir) sem se machucar. Alguns brinquedos de roer muito populares são ossos de couro cru e brinquedos de borracha dura, bolas e cordas com nós, cascos de vaca, orelhas de porco e ossos de verdade (porém sempre se certifique de que eles não apresentam nenhum risco de sufocar seu animal com os pequenos restos que sobram quando o osso de couro, por exemplo, estiver quase no fim).

Se você preferir ossos de verdade, vá ao açougue e compre um joelho ou um osso da anca do animal. Cozinhe o osso no forno por cerca de 45 minutos a 400 graus (para matar coliformes e todas as formas de bactéria) e deixe-o esfriar completamente antes de dá-lo para seu cão roer. Nunca, em hipótese alguma, dê ossos de galinha a seu cão. Eles são quebradiços e podem cortar a garganta do cão enquanto são ingeridos e causar sufocação ou hemorragia interna.

Nas casas de alguns de meus clientes, preciso ter cuidado para não tropeçar em algum brinquedo quando atravesso a soleira. Dá a impressão de que eles providenciaram para seu cão todos os brinquedos do mundo, mas o cão parece ter perdido o interesse por todos eles. Você precisa deixar cada brinquedo agir para você! Sugiro-lhe dar brinquedos de roer a seu cão aos poucos, um ou dois por vez, para que eles não percam a força de atração. De outro modo, ele se acostumará com esses brinquedos e poderá acabar descobrindo seus sapatos de salto alto mais caros, fazendo picadinho deles.

Os Brinquedos de Roer com Recheio

Gosto de usar brinquedos de roer que não necessitem de reposição constante. Gosto, particularmente, de brinquedos de borracha cilíndricos e resistentes com uma boa abertura na base por onde possamos pôr petiscos dentro deles. Uma pequena abertura na parte de cima impede que a língua de seu cão possa entrar, criando um vácuo e ficando presa. Para efeito de gratificação imediata, encha o brinquedo com pequenos pedaços de comida. Quando você começa a ensinar a um cão como brincar com brinquedos de roer recheados de comida, deixe um pedacinho de comida para fora, para que ele entenda que há algo ali dentro.

Para manter seu cão estimulado e ocupado, ponha dentro do brinquedo um petisco grande do qual não fique nada para fora. Você pode fazer isso espremendo o brinquedo para lhe dar um formato elíptico e recheando-o. Ele voltará a seu formato original quando você o soltar. Isso deixará seu cão maluco durante todo o tempo em que ele tentar desalojar o petisco, e isso não lhe deixará tempo algum para tentar redecorar a casa. Tente pôr o café da manhã ou o jantar de seu cão dentro de um brinquedo de mastigar, fazendo trabalhar por sua comida, a exemplo do que nós mesmos fazemos. Use algo saudável de que seu cão goste, como carne, deliciosos petiscos caninos, frutas e vegetais — algo que já discutimos no capítulo sobre petiscos.

A maioria dos cães fica deprimida quando você sai de casa, no entanto se você rechear alguns brinquedos de roer com petiscos classe ouro, quando fechar a porta atrás de si seu cão não vai dar a mínima ao fato de você ter saído. Tudo o que ele vai querer é encontrar esses brinquedos e isso faz você, de repente, ter menos importância aos olhos dele. Dessa forma, você não vai deixar um cão deprimido em casa, chateado por você ter saído e atrás de algum belo móvel para roer, transformando-o em arte canina moderna.

Para tornar o jogo ainda mais divertido e desafiador, gosto de esconder vários brinquedos de mastigar pela casa e de mandar o cão fazer a caça ao tesouro. Enquanto você estiver escondendo os brinquedos, mande seu cão ficar quieto e peça a alguém que o segue ou use uma guia para mantê-lo parado momentaneamente. Ponha os brinquedos em vários lugares diferentes da casa, deixando alguns à vista. Mantenha o cão na posição parado, elogie-o por ter ficado quieto e, depois, vá para a porta. E quando estiver fechando a porta para sair, solte-o dizendo: "Pega!".

Em vez de ganir e chorar porque você se foi, ele vibrará por você ter saído, porque então ele poderá começar a procurar aqueles brinquedos com os petiscos-surpresa dentro — e associará a sua partida com prazer, não com aflição. Às vezes, volto para espiar meus cães em ação. Eles estão tão concentrados na caça ao tesouro que me dá vontade de rir.

O Pegar

Pegar uma bola é o jogo favorito de muitos cães. Visto que você é aquele que segura e lança a bola, fazer esse jogo reforçará a parceria com você — não apenas como um líder, mas como um líder *divertido*. Quando eu quis ensinar Henzo a pegar uma bola de tênis, comecei balançando-a mansamente diante de sua boca para facilitar as coisas na primeira vez em que jogássemos, e ele quase captou a coisa. Para ajudá-lo na coordenação olho-boca, peguei um marcador e escureci um lado da bola. Daquela vez, depois que a bola quicou, Henzo a pegou no ar e "fizemos uma festa" para ele. Queríamos que ele pegasse a bola antes que ela quicasse, mas visto que aquele era um feito que se encaminhava na direção disso, ele foi recompensado. Na vez seguinte, lancei a bola na direção da boca de Henzo, que a pegou! "Pega, pega, muito bem!", Patricia e eu exclamamos, ao mesmo tempo em que batíamos no alto nossas mãos espalmadas. Henzo era um cão orgulhoso, e Patricia, uma dona envaidecida.

E depois de seu cão se tornar realmente bom em pegar a bola, você pode ensiná-lo a pegar um frisbee. Vagarosamente, balance o frisbee diante da boca de seu cão, assim como fez com a bola de tênis. Quando você estiver ensinando seu cão a pegar um frisbee, comece a jogá-lo a curta distância. Mais tarde, você poderá lançá-lo ao ar e ensinar a seu cão que retornar a você com o disco é o máximo. Afinal de contas, você é seu melhor líder de torcida. Manifeste contentamento por aquilo que ele realizou e não pegue o frisbee de sua boca. Deixe que ele o largue. Clyde é campeão de "pega". Ele mal pode esperar para trazer o brinquedo de volta para mim, para então começarmos uma nova rodada.

O Buscar

Tentei lançar uma bola de tênis com CJ, lançando-a a curta distância para que ele pudesse ter êxito na tarefa. Quando ele voltava a mim com a bola na boca, acarinhava seu dorso, mantendo minhas mãos longe de sua boca para que ele não pensasse que eu iria tomar a bola dele. "Boa jogada!", eu disse a CJ. Quando ele largou a bola a meu lado, peguei-a, apertei-a algumas vezes para que ela soasse e atraísse a atenção dele e lancei-a para ele ir pegá-la de novo.

As pessoas geralmente cometem um erro no jogo de "pega", quando tomam a bola no mesmo momento em que o cão a traz para elas. Do ponto de vista do cão, ele é como um lobo voltando da caça e está trazendo um presente para o líder. Se eu o tomo de sua boca imediatamente e o arremesso outra vez, ele pensará: "Que líder estúpido!". Então, eu o acaricio dizendo: "Pegue, pegue, pegue", e ele compreende que não sou uma ameaça, que estou elogiando o presente e que não o insultarei arremessando-o imediatamente.

Há pouco tempo, foi convidada a ir ao *set* de gravação de *Scrubs*, uma famosa comédia da TV. Os atores e a equipe técnica tinham permissão para trazer seus cães para o *set*, e eles ficavam todos juntos. Contudo havia algumas situações comportamentais que estavam necessitando de certos rearranjos. Stella, uma mansa pit bull que pertencia ao produtor, Randall Winston, recusava-se a devolver o brinquedo quando eles brincavam de "pega".

— Quando Stella traz o brinquedo de volta para você — perguntei — o que você faz?

— Eu o tomo dela e o levo embora — Randall respondeu.

Por um momento, olhei bem dentro dos olhos dele, até ele desviar o olhar. Claro que Stella não queria dar o próprio brinquedo a seu dono se isso significava que o jogo acabara. Observei Stella por um breve tempo e percebi que, entre todos os sofanetes espalhados para os cães, Stella tinha um favorito. Sentei em sua cama favorita, peguei um brinquedo e o lancei para ela. Depois que ela pegou o brinquedo, automaticamente correu para a cama de que mais gostava, e eu disse: "pegue, pegue, pegue", com meu melhor tom de voz para cães e a cocei de brincadeira na altura do rabo. E não tomei o brinquedo. Quando ela o largou em sua cama, eu o arremessei para ela ir buscá-lo de novo. Ela o trouxe de volta e o largou em sua cama favorita, onde, não por acaso, eu estava sentada.

Depois que ela o devolveu algumas vezes, tirei o brinquedo dela, rapidamente passei um pouco de mel e creme de amendoim nele e a deixei lambê-lo. Agora, o brinquedo estava ainda mais gostoso que antes! Em poucos minutos, Stella tornou-se uma campeã do jogo de busca, animada para devolver o brinquedo, de modo que tive de gastar um pouco mais de mel e creme de amendoim. Logo depois, transformei os petiscos em recompensas periódicas, e Stella continuou a me devolver o brinquedo. Em menos de meia hora, Stella se transformou em uma campeã do jogo de "pega", feliz em correr atrás do brinquedo, pegá-lo e devolvê-lo a mim. No fim, eu disse: "Basta", e fiquei com o brinquedo. Stella não ficou com receio de nunca mais voltar a ver seu brinquedo, porque eu estabelecera um novo padrão em seu fértil e pequenino cérebro. Trazer o brinquedo de volta estava associado com prazer, não com aflição, e agora Stella nunca mais se cansaria de um jogo tão maravilhoso.

Se seu cão não estiver interessado em ir pegar brinquedos, não se desespere. Faça uma lista das vezes em que seu cão está no nível máximo de alegria. Isso deverá recair no momento em que você pega a guia para um passeio, nos horários de alimentação ou na hora em que você e outros membros da família chegam em casa. Comece incluindo um brinquedo sonoro nessas ocasiões, lançando-o para o ar e fazendo-o quicar, mostrando a seu cão que um brinquedo é uma coisa excelente. Ignore o cão, até que ele dê demonstração de interesse pelo brinquedo. A partir daí, vá construindo pouco a pouco o comportamento. Isso pode levar algum tempo. E quando seu cão se tornar obcecado por um brinquedo sonoro, esse brinquedo há de se transformar em um controle remoto para ele. Assim que ouvir o som, ele virá correndo para perto de você.

Resumo do Capítulo

- Brinquedos e brinquedos de roer: dê ao cão apenas um ou dois brinquedos ao mesmo tempo. Recheie os brinquedos de roer com petiscos classe ouro para manter seu cão ocupado na caça ao tesouro.
- Construa a confiança: não tire o brinquedo dele.
- Obsessão: faça seu cão ficar obcecado pelos jogos de pegar e trazer para poder capturar sua atenção.

CAPÍTULO CATORZE

Aqui

O melhor modo de chamar um cão é inclinar-se em uma postura que imite o alongamento que o cão faz antes de começar a brincar, e chamar seu nome. Esse tipo de inclinação é um sinal em linguagem de lobo que implica um convite para brincar (e é também o logotipo do The Loved Dog Center). É uma excelente idéia dizer o nome do cão em vez de usar apenas a palavra "aqui". O que acontecerá se você estiver em um parque e vários donos chamarem seus cães para irem ao encontro deles ao mesmo tempo? Seu cão precisa ouvir o próprio nome para saber expressamente que você o está chamando. Ninguém fica confuso quando eu digo: "Aqui, Clyde" ou "aqui, Duke".

Às vezes, leva certo tempo antes de seu cão se entusiasmar com a perspectiva de vir a seu encontro. E não há nada de errado nisso. Construir um relacionamento com seu cão leva tempo. Então, tenha paciência. Você quer vê-lo abanando o rabo agitadamente quando você aparece, com todo o traseiro se agitando fora de controle! Costumo dizer que todo rabo de cão tem algo a dizer*.

A cadela de Erin, Honey, dava demonstração de total desinteresse em vir quando a dona a chamava. Erin cansava de pedir a ela que viesse,

* No original: "every dog has a tail to tell", trocadilho com a expressão "everyone has a tale to tell", "todo mundo tem algo a dizer". [N. do T.]

no entanto Honey simplesmente ficava deitada na grama, meio sonolenta, aquecendo-se ao sol. Nem mesmo um petisco classe ouro animava-a a se mexer. Visto que Honey a ignorava solenemente, sugeri a Erin que parasse de pôr ração diretamente no prato de Honey por cerca de uma semana. Erin lhe daria comida diretamente da mão e exclusivamente enquanto estivesse praticando o exercício "aqui". Isso fez com que Honey tivesse de ir até ela, não por capricho, mas por necessidade, quando Erin a chamasse. Erin fez esse exercício durante uma semana e, quando voltei a vê-las, a diferença era notável. "Honey, Honey, Honey", Erin a chamava. Um raio laranja vinha voando em nossa direção tão rapidamente que eu mal podia acreditar.

Quando Alicia estava ensinando a CJ o exercício do "aqui", ela usava um tom de voz perfeito, porém ficava segurando um petisco abertamente, alardeando suas intenções. Era um suborno em vez de recompensa. A idéia era tornar sua voz suficientemente capaz de atraí-lo. Quando ele chegava para cumprimentá-la e encontrava um petisco-supresa esperando, o que mais poderia esperar? Se você construiu uma sólida ligação com seu cão, ele corresponderá a seu convite e se fará presente com o rabo balançando o corpo todo.

O Esconde-Esconde

O jogo de esconde-esconde é um exercício muito útil para fazer seu cão vir quando você o chama. Esse jogo apela tanto à natureza lobo quanto à natureza bebê de seu cão. Nas vezes em que ele perde a pista de onde você está enquanto dá voltas com seus amigos no parque, ele precisa aprender a encontrar você.

Pedi a Patricia que ficasse a uma boa distância de mim, e então chamaríamos seu cão por turnos: "Henzo, Henzo, Henzo", chamei em um tom de voz animado, como se eu tivesse a melhor surpresa do mundo para ele. Ele correu em minha direção e só quando estava a meu lado eu disse a palavra "aqui" várias vezes, enquanto lhe dava um prêmio constituído de petiscos classe ouro. Quando eu disse: "Basta, basta", também fiz o sinal de mão com minhas duas palmas viradas para cima. Depois, foi a vez de Patricia.

Ela o chamou pelo nome, mas o disse uma vez só, num tom de voz baixo e calmo. Quase não consegui ouvi-la. Encorajei-a a falar mais alto e imprimir um pouco de animação a seu tom de voz. Quando ela fez isso, Henzo precipitou-se para ela e foi recompensado. Ela disse: "Basta" e me passou a vez — então eu mudei as posições. Henzo esperava que eu fosse estar no mesmo lugar em que me vira pela última vez — Surpresa! Ele precisou de um bom tempo para me achar toda vez que em me deslocava, para não falar dos esforços que teve de fazer para ganhar todos aqueles petiscos classe ouro.

Eu estava ensinando Henzo a se concentrar. E como ele amava os petiscos, encontrar-nos era algo cada vez *mais* divertido. Cães adoram desafios, especialmente se eles souberem que o resultado final será muito prazeroso. Quando você faz do ato de o cão vir a seu encontro um prazer e quando admite isso diante dele, ele nunca se cansará do jogo. Quando ele passar a amar vir a seu encontro com todas as suas forças, então você pode elevar o nível de exigência e mandá-lo se sentar antes de dar a ele um prêmio qualquer.

O Parque

— Sempre que chamo Oliver no parque, ele nunca vem — disse Vern, o frustrado dono de um cocker spaniel.

Seu cãozinho preto amava tanto ir passear no parque que não queria mais voltar para casa.

— Não sei como fazê-lo vir a meu encontro quando eu o chamo sem ter de fazer um escarcéu.

— Ele vem quando você o chama em casa? — perguntei.

— Sim! Ele é perfeito. Só tenho problema com ele quando vamos ao parque — disse Vern.

— Vamos relembrar a primeira vez que vocês vieram ao parque — disse eu, assumindo minha porção detetive — O que é que vocês fizeram?

Vern não teve hesitação:

— Eu o trouxe ao parque e ele brincou com os outros cães enquanto eu assistia.

— E depois?

— Eu o chamei, ele veio, eu o pus no carro e fomos para casa — disse Vern.

— E na vez seguinte? — perguntei.

— A mesma coisa — disse Vern. — Mas ele não veio tão rapidamente.

— E você ainda pergunta por que Oliver parou de vir a seu encontro? — disse eu. — Por que ele viria quando sabe que vir a seu encontro significa o fim da diversão? Você consegue ver o padrão que implantou na cabeça de seu cão? Você o chama, ele vem, e você o leva para longe do prazer.

— Ok! — disse Vern. — Não me dei conta do que estava fazendo.

A crua verdade é que muitos cães associam vir ao encontro de seus donos com dor, não com prazer. Para a maioria dos cães, o parque é o melhor lugar do mundo. Onde mais eles podem brincar com os de sua própria espécie, caçar, lutar, deixar aflorar os aspectos não-domesticados do lobo que trazem dentro de si? Então, quando eles estão em perfeita felicidade, ouvem seus nomes sendo chamados. "A diversão acabou", eles entendem. "Se eu voltar para meu dono, ele vai me levar para longe de meu maior prazer. Terei de ir para casa, onde vou é me chatear. Acho que vou cair fora dessa".

Ao levar seu cão para o parque, sugiro que o distraia e o chame durante seu tempo de diversão para lhe dar petiscos e água. Depois, diga-lhe:

— Vá brincar!

Desse modo, você estará ensinando a ele o padrão de que vir a sua presença é uma coisa boa. Use recompensas aleatórias, e ele sempre se perguntará se voltar a você significa um prêmio com petiscos classe ouro, possibilidade que ele não pode ignorar.

Resumo do Capítulo

- Use um gesto de reverência: ensine seu cão a associar vir até você com o prazer.
- Esconde-esconde: transforme o "aqui" em um jogo desafiador e divertido.
- O parque: use recompensas aleatórias com o intuito de estabelecer um padrão para que ele queira vir até você.

CAPÍTULO QUINZE

Andar para trás

— Stedman, venha aqui. Você precisa ver Gracie! — disse Oprah animadamente.

Estávamos nos jardins da ampla propriedade de Oprah em Montecito vendo sua cadela de três meses andando para trás como uma profissional. A menor dentre os três cães, apelidada de "tampinha", Gracie era tão pequenina e frágil que, quando nasceu, precisou ser alimentada na boca a cada duas horas, algo que Oprah fez com muita boa vontade durante vários dias e noites. Ninguém poderia prever se ela resistiria, mas Oprah se recusou a desistir. Hoje Gracie é pequena em tamanho, porém é uma garota inteligente, amigável e amorosa. A dedicação de Oprah salvou literalmente sua vida. Ali estava Gracie, exibindo-se para sua "mamãe", demonstrando o mais recente e mais excitante exercício que acabara de aprender.

E quando Stedman foi se aproximando da varanda, Gracie não poderia parecer mais orgulhosa. Stedman deu um grande abraço em Oprah, e todos ficamos observando Gracie.

— Essa é minha garota! — sussurrou Oprah. Depois de uma curtíssima sessão de treinamento comigo naquela manhã, Gracie acostumou-se a andar para trás como a outra cadela de Oprah, Layla, acostumou-se com o lago. Stedman deu uma pancadinha na cabeça de Gracie e a elogiou com um tom de felicidade na voz, admirado de que aquela criaturinha estivesse não apenas viva, mas também se saindo tão bem no complicado exercício de andar para trás.

Assim como Oprah e Stedman, muitas pessoas ficam encantadas quando vêem uma coisinha como Gracie andando para trás quando elas lhe pedem que o faça. Todo mundo já viu um cão sentar, deitar e andar junto, no entanto ficam admiradas vendo um cão andar para trás. Isso porque, no adestramento convencional, andar para trás não é considerado um comando básico. Contudo, com o método The Loved Dog, "sentar", "aqui" e "para trás" são três exercícios que considero úteis para o dia-a-dia. O que aconteceria se o cão estivesse para pisar em algo perigoso durante o passeio ou em um copo quebrado na cozinha? E se ele resolvesse assediar seu convidado para ganhar comida no jantar? E se um convidado não gostasse de ser farejado ou tivesse medo de cães?

Quando ensino um cão a andar para trás, começo com o exercício "sentado". Assim como a maioria dos exercícios de treino do método The Loved Dog, sentar é o fundamento, ou Estágio Um. Scout, um westie, já conseguia sentar. Sendo assim, não lhe dei um petisco por isso. Em vez disso, segurei um petisco à altura de seu focinho, quase a tocá-lo, e repeti a expressão "para trás", enquanto Scout tentava roubar o petisco de entre meus dedos. Ele deu uma mordida no petisco, mas eu fechei a mão, como se ela fosse de pedra. Era importante fazê-lo entender que minha mão permaneceria imóvel e que ele era quem precisa se mover. Minha mão não se mexeu, não se moveu nem um pouco enquanto Scout não fez o movimento de se afastar de mim, mesmo que fosse um movimento sutil com alguma parte de seu corpo. Quando Scout moveu a cabeça para trás alguns centímetros, imediatamente "fiz uma festa", cantando "para trás" em um tom de celebração e dando a ele um prêmio.

Esteja alerta para dois erros comuns quando for ensinar seu cão a andar para trás. Primeiro, não segure sua mão muito longe do focinho do cão. Isso fará com que ele avance para pegar o petisco, o que significa ensinar a ele o oposto de recuar diante de você.

O segundo erro é retirar a mão para trás quando o cão começa a farejar ou a mordiscar sua mão fechada. Isso acabará com seu propósito, visto que o cão seguirá sua mão. Uma vez estendida sua mão, você assumiu um compromisso com o exercício de andar para trás. Quero que ensine a seu cão que dar um bote e arrebatar coisas das pessoas não é comportamento que deva ser premiado, especialmente se ele usar os dentes.

Scout aprendeu rapidamente que se afastar daquilo que ele queria — surpreendentemente — lhe traria prazer. Da vez seguinte em que segurei um petisco na altura do focinho de Scout e disse "para trás", ele moveu as patas dianteiras e ganhou um prêmio! Nos primeiros momentos, pode parecer que o cão está simplesmente mordiscando seus dedos, sem conseguir ir além, mas não fique desapontado. Apenas mantenha sua mão completamente imóvel. Seu cão o surpreenderá quando perceber do que se trata e mover a cabeça ou uma pata para trás — ou até mesmo todo o corpo, como Scout fez. Reconheça todo sucesso, por mais inexpressivo que ele seja. Uma grande oportunidade pode ser quando você põe sua mão perto do focinho dele e ele se aproxima de você para farejá-la. Poucos segundos depois, ele puxa a cabeça para trás da posição esticada em que se encontra, e é essa a hora de você entrar para valer. Diga "para trás" e "faça a festa" — mesmo que ele tenha recuado apenas meio centímetro.

Tenha em mente que andar para trás não é natural para um cão, mas que, de todo modo, ensiná-lo a fazer isso faz parte do processo de domesticação. Seu cão tem de chegar a sua casa fisicamente domesticado, contudo você precisa domesticá-lo do ponto de vista comportamental, e isso inclui ensiná-lo a não arrebatar as coisas de nossas mãos ou das de quem quer que seja.

Quando ensino um cão a andar para trás, procuro uma certa progressão por parte dele. De início, ele provavelmente moverá apenas o focinho ou o pescoço para trás, e o recompensarei por isso. Depois que ele faz isso algumas vezes, elevo o nível de exigência, o que significa que ele terá de fazer algo mais para que eu possa lhe dar alguma recompensa. Fico em silêncio, com a mão na posição de "para trás", e a maioria dos cães me toca com o focinho, como querendo dizer: "Ei, madame, talvez você não tenha percebido, mas acabei de mover meu pescoço. Preste atenção: vou fazer de novo".

Continuo esperando, e ele se perguntando o porquê daquela atitude inexpressiva. Na verdade, estou esperando que ele mova uma pata para trás. Depois, esperarei que ele mova seu traseiro para trás ou, em alguns casos, para o lado. Quando ele fizer isso, farei a maior algazarra, pela qual terá valido a pena ter esperado. Um padrão se instalará no cérebro do cão. E assim que ele se der conta de que todo movimento para longe de você com qualquer parte de seu corpo trará um petisco como resultado, ele se indagará: "E o que acontecerá se eu me mover para trás?". Uma imensa festa acontecerá, ou um grande prêmio!

Enquanto ele estiver calculando o que é que você quer, não é raro um cão dar a você aquilo que chamo de "um bufê" de comportamentos que ele já conhece para que você escolha. É algo tão gracioso que você vai *querer* recompensá-lo por todo esse esforço. Mas você precisa ser paciente e ficar quieto. Ignore os comportamentos que não solicitou e recompense-o apenas por aquele que você quer.

Moby, do *Who Gets the Dog?*, fez grandes progressos com o exercício de andar para trás, mesmo que movesse seu corpo para os lados e não para trás. Ele é um cachorro maluco, mas visto que o propósito do exercício é você tornar-se capaz de remover seu cão imediatamente do caminho de alguém ou de algo, não me incomodo muito com o resto. Se quiser extravagância, você pode fazer aquilo que os psicólogos chamam de "formatação" depois que seu cão passar a andar para trás muito bem. A partir do momento em que ele se afasta constantemente e com alegria quando você manda que o faça, você pode começar a recompensá-lo apenas pelas tentativas estritas de andar para trás — mas isso é realmente para aqueles que alcançaram um estágio avançado de treinamento.

Aprender a andar para trás é um grande feito, que resolveu os problemas de possessividade de Moby sobre a comida de uma forma positiva. Quando o treinei, dei a ele duas alternativas: ele podia vigiar a comida sem graça que havia em seu prato ou podia praticar o andar para trás afastando-se dos fascinantes petiscos que minha mão guardava. Ele passou a entender as boas conseqüências de deixar seu prato de comida sem vigilância. Não só ele poderia acabar ganhando petiscos, como também podia ganhar uma festa, porque nós aplaudíamos, sorríamos e fazíamos com que ele se sentisse o cão mais inteligente do mundo.

Três Níveis do Exercício de Andar para Trás

Assim como sentar, o exercício de andar para trás é dividido em três níveis de dificuldade. O propósito desses níveis é chegar ao ponto em que você não precise mais manter sua mão esticada com um petisco para que seu cão ande para trás quando você pedir. Cada aumento no nível de dificuldade requer maior poder de concentração por parte do cão. Com Moby comecei no Nível Um, mandando-o recuar enquanto eu mantinha um petisco em minha mão e quase tocava seu focinho.

Quando Moby passou a realizar com perfeição o Nível Um e eu já não precisava, toda vez, dar mais um petisco a ele, elevei a exigência indo para o Nível Dois. Passei a segurar o petisco em minha mão, que eu deixava na altura de meu umbigo em vez de ficar estendida diante de mim. A dona de Moby, Abby, estava grávida. Por isso eu queria que ela fosse capaz de, com o bebê no colo, sussurrar "para trás" a Moby e ter resultados imediatos.

Assim que Moby entendeu isso, fui para o Nível Três, o que significava segurar os petiscos nas costas. E Moby não ficou minimamente incomodado com o fato de minhas mãos estarem fora de seu campo de visão. Ele tinha o padrão gravado em sua cabecinha esperta e se mantinha bem ali, dando-me o que eu pedia no Nível Três. Lembre-se de que o Nível Três é mais difícil, porque, quando retiro minhas mãos de seu campo visual, o cão terá de confiar unicamente em seu conhecimento do termo falado, ou seja, do nome que você dá a esse exercício particular. Pode parecer uma mudança de conhecimento sutil para você, mas há muito crescimento entre um nível e outro para um cão, e você deve recompensá-lo por apreender essa diferença. Na medida em que você introduzir os diferentes níveis, tenha paciência. Como tudo na vida, quanto mais prática, melhor ele ficará.

Não se esqueça de que os prêmios não precisam sempre ser petiscos. Transforme o andar para trás em um comportamento relevante mandando seu cão fazê-lo antes de você lhe servir as refeições, ou mande-o fazê-lo antes de arremessar a bola de tênis para ele ir buscar. Depois de cada arremesso, aumente a distância que ele deve vencer antes de lançar a bola. Agora! É isso que eu chamo diversão!

Resumo do Capítulo

- Recompense toda tentativa: o mínimo movimento para trás merece um petisco.
- Nível Um: segure o petisco diante do focinho de seu cão. *Não* mexa a mão. Deixe o cão se mover primeiro.
- Nível Dois: segure o petisco à altura de seu umbigo.
- Nível Três: segure o petisco nas costas.
- Treinamento relevante: use brinquedos e refeições para incorporar o movimento de andar para trás à vida cotidiana de seu cão.

CAPÍTULO DEZESSEIS

Acalmando

Os cães adoram quando pedimos que eles relaxem com o método The Loved Dog. Para eles, isso é como tirar miniférias. Para nós, trata-se de boa educação e também de preparação para ensiná-los a ficar parados, algo que discutiremos no próximo capítulo. Lembre-se de que deitar e ficar parado são dois exercícios diferentes com significados diferentes. Deitar significa que você quer que seu cão fique deitado no chão. Parado significa que ele precisa ficar ali onde está, sem se mover, até que você o libere. Visto que as mensagens "abaixar", "deitar" e "sentar" podem confundir um cão, use para cada comando a palavra mais simples e mais direta que puder, sem acréscimo algum.

Nos antigos métodos de adestramento canino baseados na compulsão, "abaixar" é o comando mais temido pelos cães. Eles sabem que suas cabeças serão empurradas para o chão com um colar de espinhos e que serão forçados a ficar ali. O modo intenso e ameaçador de certos adestradores fará com que os cães se sintam vulneráveis não apenas porque eles estão sendo empurrados para uma postura corporal submissa, mas também porque eles não entendem por que seus adestradores estão sendo tão inclementes. Quando eles, por fim, são liberados, a última coisa que querem é que alguém os mande deitarem-se de novo. Um círculo vicioso pode ter início se a resistência de um cão leva o adestrador a sentir que ele deve agir ainda mais duramente.

Com o método The Loved Dog, ensinar o cão a se deitar é fácil e divertido. O exercício "deitado" não exige absolutamente nada de seu cão — de fato, fazer nada é o modo de ele ser bem-sucedido nessa técnica. Sua mensagem para ele é: "Divirta-se, relaxe e deixe-me tomar conta de você". Viu como é magnífico? Deitar-se é tão fácil de ensinar que vi uma criança de apenas 2 anos obter sucesso nisso. O pequeno Aidan Hamilton parecia um especialista enquanto aprendia a ensinar o cão de sua família, Boogie, a se deitar. Dei alguns petiscos para que os segurasse na mão, e ele entendeu tudo em pouquíssimo tempo. Todos o cumprimentamos por seu sucesso, e tanto Aidan como Boogie ficaram muito felizes um com o outro.

Ensinando seu Cão a se Abaixar

Kelly, uma estonteante rhodesian ridgeback, amava fazer explorações. Ela era vigorosa, forte e excepcionalmente inteligente. Seu dono, Sam, um empreiteiro, adorava levá-la para o trabalho, onde ela corria atrás de uma bola em volta das construções, farejando e explorando o terreno. Mas havia momentos em que Sam precisava que ela ficasse deitadinha ao lado dele, por causa das grandes máquinas que circulavam por ali e dos perigosos buracos que eram abertos no chão. De tão feliz em explorar e correr livremente por ali, ela não estava nem um pouco interessada em ficar colada em seu "pai". A diversão estava em outro lugar, e os sons e os odores do almoço dos operários atraíam-na para todos os lados, menos para o lado de seu dono — até que a ensinássemos a ficar deitada.

Comecei treinando Kelly dentro de casa, onde podíamos estabelecer um padrão sem a excitação competitiva do exterior. Mandei-a sentar, depois me agachei e pus um petisco justamente diante de seu focinho, preparando-me para usar o método do "ímã". Olhei para o ponto no chão para onde eu queria que ela olhasse e tracei uma linha reta com minha mão do focinho de Kelly até o chão. Enquanto ela se deitava para comer o petisco, eu disse: "Abaixa", mas só quando ela já estava lá, não antes! Eu queria que ela ficasse perto do chão.

Um segredo do qual sempre se lembrar: o corpo sempre segue a direção do olho.

Olho para o chão quando mando um cão se deitar, porque o cão procura ver para onde estou olhando. Na medida em que Kelly correspondia, eu repetia a palavra "abaixa", fazendo-a saber que eu estava impressionada com ela. Comecei o exercício agachada, mas, dentro de segundos, eu me ergui e me mantive de pé, completamente ereta. Toda vez que Kelly olhava para mim sem se levantar, eu punha um petisco no chão, entre suas patas dianteiras. Ela estava aprendendo que, embora eu estivesse me movimentando, ela se divertia mais deitada, ficando "abaixada" como fundamento para o "parada", que aprenderemos adiante. Comecei apoiando meu peso, ora em uma perna, ora em outra, e toda vez que ela me reconhecia eu lhe dava um petisco. Passei para o próximo nível, dando uns poucos passos para o lado direito dela e, depois, alguns passos para a esquerda. Andei na frente dela, andando como bebê e dando-lhe petiscos. Mostrei a ela que ficar deitada poderia ser muito mais compensador do que me seguir.

Na medida em que fui vendo Kelly ficar cada vez mais confortável, espacei os petiscos que lhe dava, sem deixar de sorrir nem de cantar: "Abaixa. Muito bem! Abaixa". Ela não demonstrou o menor interesse em se levantar e manteve os olhos grudados em mim o tempo todo — menos enquanto estava comendo um petisco saboroso! E assim que Kelly foi cativada pelo prazer de ficar deitada, era quase como se ela estivesse dizendo: "Não vou a lugar algum. Por favor, continue a me trazer esses petiscos!". Era quase como se ela estivesse tomando banho de sol no Caribe, usando um chapéu de abas largas e bebericando uma deliciosa piña colada.

Os Três Níveis do Sinal de Mão para "Abaixado"

Se você se lembra, o sinal de mão para "sentado" é feito com a palma da mão virada para cima, com um movimento para o teto. O sinal de mão para "abaixado" é feito do modo exatamente oposto, com a palma da mão virada para baixo e movendo a mão para o chão. É importante você se lembrar, quando manda seu cão se deitar, de sempre olhar para o chão, não para o rosto dele. Como sempre, os três níveis vão crescendo em dificuldade, na intenção de abarcar todas as situações potenciais nas quais você possa vir a precisar acalmar seu cão.

- Nível Um: toque o chão com a mão.
- Nível Dois: a altura na qual você deve manter sua mão até que seu cão se deite é no meio da canela.
- Nível Três: permaneça de pé enquanto o movimento de sua mão aponta para baixo.

O Retorno Negativo

Se o seu cão deixar a posição "deitado", como Kelly fez algumas vezes, não há necessidade de corrigi-lo. Na posição "deitado", desejo que você enfatize o positivo, que é o ato de se deitar. Lembre-se de que se ele se levantar, não estará fazendo nada de errado porque — deliberada e sabiamente — você não pediu que ele ficasse na posição de "parado". Mesmo assim, quero que ele compreenda que, ao se levantar, ele está perdendo algo e, por fim, acabará *escolhendo* a posição "deitado". Desse modo, quando o cão se levanta (algo que os cães fazem muito durante o processo de aprendizado), uso o retorno negativo.

Você se lembra de como dávamos as costas quando o cão estava saltando sobre alguém? Fiz o mesmo quando Kelly se levantou. Virei-lhe as costas, agindo como se estivesse tão desapontada que não podia nem mesmo olhar para ela. Bufei bem alto, mostrando claramente a Kelly que estava infeliz, e ela rapidamente se deu conta de que o maravilhoso fluxo de amor e petiscos tinha sido interrompido no momento em que ela se levantara. "O que foi que eu fiz?" — pude vê-la pensando. "As coisas eram bem melhores enquanto eu estava deitada." Nesse ponto, é uma graça ver como a maioria dos cães se aproxima e se senta ou se deita junto a seus donos ou adestradores na expectativa de poder fazer as coisas voltarem a ser como eram antes. Então você finge surpresa e "concorda" em continuar com a brincadeira.

Se seu cão é hiperativo, ensine-o a deitar depois que ele voltar de um longo dia de passeio ou em qualquer outra ocasião em que ele esteja tranqüilo e relaxado. Visto que você está instruindo seu cão em casa, pode decidir as circunstâncias e condições para poder dar toda a ajuda de que ele precise para ter um bom êxito. Lembre-se de que, quanto mais bem-sucedido ele se sentir, tanto mais há de querer praticar. A partir desse ponto, vocês dois poderão trabalhar em equipe!

Os Quarto Estágios de Distração

Ensinar Moby a se deitar foi tão fácil que ele balançava o rabo todo feliz durante o treino. Quando ele se levantava, eu lhe virava as costas e fazia sons de quem está irritado. Moby entendia imediatamente e se sentava aos meus pés, mostrando que estava pronto para tentar outra vez. Ficava feliz ao vê-lo autocorrigir-se e, então, fazia imediatamente o exercício do "ímã" de seu focinho até o chão. Quando ele se deitava, eu prosseguia dispondo os petiscos entre suas patas dianteiras.

No entanto, como ele agiria diante de distrações? Decidi agir maliciosamente, fazendo polichinelos e dançando bem diante dele. Mexi de propósito nas persianas da janela, fazendo um barulho perturbador. Moby ficou observando minhas palhaçadas, mas ficou onde estava, feliz em continuar a ganhar petiscos postos no chão entre suas patas dianteiras. Pelo fato de eu ter repetido muitas vezes a menção de ir embora e de virar as costas, ele sabia o que se esperava dele, mesmo quando eu representava.

Como faço em muitos de meus exercícios de treinamento, tento distrair o cão durante o exercício de "deitar". Uso três estágios, durante os quais ele continua a ganhar uma variedade de petiscos classes bronze, prata e ouro, a depender do nível de dificuldade, com os prêmios dados eventualmente.

ESTÁGIO UM: Movimento-me em torno dele, alguns passos para a direita e outros tantos para a esquerda, alguns mais para trás (encarando-o), e depois volto a minha posição original.

ESTÁGIO DOIS: Dou uma volta de 360 graus, durante a qual dou as costas rapidamente a ele, mas assegurando-o de que não estou indo embora. Durante essa volta, ele é meu foco. Meu propósito é chegar a virar de costas para o cão e sair, sem que ele sinta que precisa se levantar. No início dou minhas voltas rapidamente. Depois fico durante certo tempo de costas. Ao término de poucos segundos, dou um prêmio a ele, desde que ele tenha ficado parado, sem ligar para minha movimentação em torno de si.

ESTÁGIO TRÊS: Ajo maliciosamente, faço polichinelos, arrasto-me pelo chão, lanço o brinquedo favorito do cão no focinho dele e — o mais tentador de tudo — toco a campainha, mesmo que faça isso poucas vezes, impedindo sua atividade favorita de um autodesignado comitê de boas-vindas.

ESTÁGIO QUATRO: Enquanto o cão permanece na posição "deitado", sento-me calmamente em uma cadeira ou em um sofá ou deito-me em uma cama. Esse nível pode ser muito difícil para seu cão, porque ele vai querer se juntar a você ou pensará que a sessão de treino acabou.

Ao encerrar o jogo, lembre-se sempre de liberar seu cão com as palavras "basta". Deve ser você quem determina quando o exercício acaba.

Resumo do Capítulo

- Comece com a posição "sentado": "sentado" é a posição na qual a maioria dos comportamentos se inicia.
- Olhe para o chão: para onde o olho vai, o corpo vai atrás.
- Petiscos: ponha os petiscos do cão no chão, no meio do espaço entre as patas dianteiras dele, para que ele possa alcançá-los sem precisar se levantar.
- Não fique parado: os três níveis de distração elevam a dificuldade do treinamento.
- Encerre o exercício dizendo: "Basta".

CAPÍTULO DEZESSETE

O segredo de parar

Não gosto de discutir com um cão quando preciso que ele fique parado em um lugar. Ele precisa compreender a palavra "parado". Suas chances de aprender rapidamente a ficar parado dependem de ele ter sido ou não bem domesticado. Se um cão se abaixa e logo depois se levanta, ainda assim ele estará obedecendo. Ficar parado é o próximo passo, e quando acrescento isso a seu arsenal de conhecimento, não quero que ele se mexa até que eu pronuncie a ordem de liberação: "Basta".

No exercício de deitar, se o cão se levanta, manifesto-lhe meu desapontamento e espero que ele se sente ou volte a se deitar para tentar de novo. Mas, na realidade, ele não está me desafiando, porque não o mandei ficar parado. Quando o mando ficar parado, porém, ele tem de parar justamente onde está, deitado, até que eu o libere. E como na maioria de minhas técnicas, ensino o cão a ficar parado em passos, os quais se encerram com um divertido jogo de caça ao tesouro, que os cães adoram!

A posição "parado" foi um instrumento excelente para que Matt e Abby pudessem ajudar Moby a controlar suas agressões por causa de comida. Quando ele queria comida e não podia tê-la imediatamente, tornava-se agressivo e exigente. Precisei descobrir uma forma de mostrar a ele que, não importando a distância entre mim e ele ou o lugar onde eu punha sua comida, ele não precisava armar uma briga para conseguir o que queria. Desejava que ele soubesse que precisava seguir regras para conseguir o que queria e, mais importante que tudo, que ele tinha de confiar nas pessoas.

Comecei a ensinar Matt e Abby a usar o exercício do "parado" com Moby. Expliquei-lhes que quando Moby via comida e não podia consegui-la, ele, na realidade, reagia com medo. "Oh! Meu Deus", o cérebro dele lhe dizia, "não posso tê-la". Daí vinham todas as suas afrontas. Meu propósito era mudar a resposta programada de Moby à questão da comida. Queria ensiná-lo a confiar que havia comida e que ele poderia tê-la, mas em meus termos, nunca nos dele — e que ele, ainda assim, se divertiria.

A Gangorra

Quando praticamos o "abaixar-se", os petiscos são postos entre as patas dianteiras do cão, onde ele possa alcançá-las com a boca. Em "parado", dá-se o mesmo, mas há um escalonamento da dificuldade, porque agora faço dois montes de comida — um entre suas patas dianteiras e outro alguns metros adiante. Desejo que o cão entenda que quando eu lhe disser para ficar parado, ele precisa ficar parado *não importando o que* aconteça diante dele. Ele deve confiar em que voltarei para aprová-lo e recompensá-lo. Quero que ele *queira* ficar parado, porque isso poderia facilmente se transformar em diversão!

Lembre-se de que o método The Loved Dog se baseia nas associações positivas ou negativas feitas por seu cão. Quando uma criança se senta em um canto olhando para a parede como punição por mau comportamento, temos uma experiência negativa e envergonhante. Porém essa mesma criança contará de um a cem no mesmo canto em um jogo de esconde-esconde. De modo similar, ficar parado pode ser sentido como frustração ou pode ser uma experiência positiva e animadora para seu cão. A gangorra o ajudará a torná-la prazerosa.

Quando ensinei a gangorra a Moby, comecei mandando-o abaixar-se e pus um petisco classe ouro entre suas patas dianteiras. Em vez de encará-lo como eu fazia antes, posicionei-me ao lado dele enquanto ele estava abaixado. Moby devorou o petisco, e eu o apresentei ao sinal de mão para "parado" pondo a palma de minha mão aberta diante de seu rosto como um sinal de "pare". Disse "parado" em um tom de voz claro e firme, mas nada ameaçador. Então, pus um petisco no chão a alguns metros de Moby, repetindo o sinal de mão para "parado" e a palavra "parado". O fato de Moby não ter pulado e investido para alcançar aquele petisco fez com que seus donos suspirassem de admiração. Repeti o exercício, pondo um petisco saboroso entre as patas dianteiras de Moby, fazendo o sinal de "parado" com minha mão e acrescentando outro petisco ao segundo monte que estava a cerca de um metro e meio de onde Moby se mantinha na posição "parado". Fui para a frente e para trás, como em uma gangorra, pondo petiscos nos dois montes e me assegurando de que Moby não se levantasse.

Quando dei o exercício por encerrado, pus o último petisco no chão, no meio de suas patas dianteiras e também lhe dei um prêmio para que ele *realmente* não quisesse se levantar. Olhei para o manso Moby, ali, esperando pacientemente que eu o liberasse, e disse: "Basta! Pegue, pegue!" com grande entusiasmo. Moby se levantou e avançou sobre os montes de petiscos, comendo-os com gosto, enquanto batíamos palmas e repetíamos: "Pegue, pegue!", até ele acabar com todos. Essa era a primeira vez em que eu ensinava Moby a ficar parado, e ele já estava amando aquilo.

Abaixar-se geralmente está entre os comportamentos favoritos dos cães, o que torna o ficar parado um comportamento altamente estimado também, embora ele requeira mais paciência por parte do cão. Matt e Abby não podiam acreditar na façanha instantânea de seu cão, a ponto de Matt sugerir que devíamos checar a plaqueta de identificação de Moby para ver se aquele era realmente o mesmo cão que morava com eles até o dia anterior! Afinal, ele não apenas realizara o exercício de abaixar-se imediatamente como ficara contente em permanecer pacientemente na posição de "parado" quando isso lhe foi ordenado. Ele não se mostrou agressivo quando não lhe permiti avançar sobre o monte de petiscos. Essa era a *principal* ruptura, um feito fantástico para Moby, sendo perfeitamente possível ver como ele se sentia satisfeito consigo mesmo. Moby sabia que estávamos fazendo um jogo que oferecia, ao mesmo tempo, previsibilidade e consistência.

Durante nossa primeira aula de "parado", Moby não mostrou sinais de agressividade. Na realidade, ele estava indo tão bem que pedi a Matt que experimentasse usar a gangorra. Os resultados pareciam um verdadeiro milagre. Já de início, notei que Matt omitira o sinal de mão de "parado" antes de pôr os petiscos a uma curta distância de Moby. Não corrigi Matt, porém, porque tanto o dono como o cão têm muito que aprender. Queria elogiar Matt por aquilo que ele estava fazendo certo, para que ele pudesse associar treinar seu cão com prazer. Se Matt tivesse posto o petisco muito longe das patas dianteiras de Moby, ou usado um tom de voz ameaçador, eu o teria orientado calmamente rumo a um melhor modo de fazer as coisas. Esquecer o sinal de mão não tinha muita importância.

Mudo levemente meu tom de voz quando estou pondo o petisco entre as patas do cão e quando estou pondo o petisco a certa distância. O petisco entre as patas dianteiras dele vem com uma voz cálida, e quando ponho o petisco na outra ponta da gangorra, uso um tom de voz firme, que não pode ser interpretado como um convite. Ao fazer o sinal de mão para "pare", muitos donos cometem o erro de mudar para o tom de voz usado em treinos militares. Em vez disso, certifique-se de que seu tom de voz seja definitivo, mas, ao mesmo tempo, afetuoso e encorajador, para que seu cão saiba que você está fazendo um jogo e que está feliz com ele.

Moby foi tão paciente que, por fim, orientei Matt a lhe dar um prêmio e a liberá-lo. "Basta!", Matt disse. "Pegue, pegue." Abby e eu nos juntamos a ele dizendo "pegue, pegue" e batendo palmas, enquanto Moby avançava para o monte de petiscos e os comia, enquanto nós o festejávamos muito merecidamente. Quando Moby se deitou com as patas para cima, esperando mais, Matt e Abby não seguraram a gargalhada. Ele estava tão fofo e dócil, e seus donos estavam completamente enfeitiçados por ele!

Durante a fase inicial de ensino, dou ao cão um prêmio antes de liberá-lo de sua posição de "parado". Também lhe dou um prêmio *enquanto* ele está parado para mantê-lo interessado e mostrar-lhe minha total aprovação ao que ele está fazendo. Nunca libero um cão quando estou parada a certa distância dele, a menos que eu esteja saindo e vá deixá-lo à caça de um brinquedo de mastigar recheado. Ele precisa aprender a esperar que eu volte para ele, não importa a que distância estejamos um do outro.

Elevando o Nível de Exigência

Já era tempo de levar a gangorra um pouco mais longe. Comecei, então, fazendo para Moby o sinal de mão de abaixar. Ele estava tão feliz ao ver que íamos brincar de novo que se abaixou imediatamente. Dei a ele alguns petiscos e comecei o exercício da gangorra de novo, dessa vez aumentando a distância entre o monte ao alcance dele e o monte fora de seu alcance. Tive o cuidado de fazer o sinal de mão de "parado" toda vez que me afastava dele. O nível de exigência acabara de ser aumentado, e eu precisava estar certa de que minha mensagem continuava a ser precisa, firme e clara.

O Retorno Negativo

Ensinar seu cão a ficar parado também significa fazê-lo saber quando comete um erro. Há duas etapas para isso: uma é dar um retorno negativo fazendo o que eu chamo de "barulho de golfinho". O segundo é levar o cão exatamente para onde ele estava antes de se levantar.

Quando elevei o nível de exigência aumentando a distância entre Moby e o monte de petiscos fora de seu alcance, ele ficou ansioso e não se manteve parado. Imediatamente, soltei um som estridente, penetrante, estranho, semelhante aos ruídos feitos pelos golfinhos, para que ele parasse imediatamente e percebesse que eu não estava gostando do que ele estava fazendo. É um som irritante, contudo não raivoso, que funciona como um "não" ou uma experiência de Nível Oito. Estava usando o retorno negativo com uma série de sons agudos que Moby não podia deixar de reconhecer. Quando consegui prender a atenção dele, mostrei-lhe o comportamento de substituição que eu queria. Vi donos gritarem para seu cão quando ele estava se afastando daquilo que eles queriam, mas não eram objetivos, porque não mostravam ao cão aquilo que eles *realmente* queriam que o cão fizesse.

Mandei que Moby se deitasse e ficasse parado; todavia, mas para evitar a fixação de um padrão errado, não lhe dei um petisco porque ele saíra da posição. Se eu desse, ele pensaria que o padrão era parar, sair da posição "parado", voltar para a posição e ganhar um petisco. É muito comum um cão entender equivocadamente aquilo que você quer que ele faça.

Busquei manter atitude em minha postura e em minha voz quando fiz os ruídos de golfinho com Moby para fazê-lo entender que errara, porém nunca fui desagradável. Se eu soasse ou parecesse furiosa, Moby teria se sentido estressado e podia associar esse sentimento à posição de "parado". Em vez disso, eu fui para a exata posição onde ele estava originalmente deitado, apontei para o chão (que é exatamente o sinal de mão para "abaixado") e Moby foi se deitar lá de novo. Imediatamente eu suavizara minha postura insistente e dizia: "Abaixe-se", sem lhe oferecer petisco nem sorriso. Depois eu dizia: "Parado".

Então eu voltava a exercitar a posição de "parado" como se não tivéssemos sido interrompidos, e Moby voltava a ser um cão feliz quando via o sorriso voltar a meu rosto. E quando os petiscos iam sendo postos mais longe, e Moby tentava se levantar, fazia o ruído de golfinho de novo, mostrava a ele o comportamento desejado e, logo, logo, ele passava a se corrigir tão rapidamente que me dava um grande orgulho. Lembre-se: Moby era um cão tão apegado a sua comida que estava pronto a atacar todo aquele que ele achasse que pudesse separá-lo dela. Com isso em mente, era com muita doçura que eu dava prêmios a ele por bom comportamento. Até mesmo Matt, um militar que estivera na guerra do Iraque, começou a fazer ruídos de golfinho e acrescentar ternura a sua comunicação com Moby quando era apropriado ser terno.

Durante a primeira lição de Moby, toda vez que o liberávamos com um "pegue!", batíamos palma e "fazíamos festa". Queríamos que Moby se sentisse realmente bem com seus feitos e animado a fazer mais. Com o passar das semanas, Matt e Abby elevaram o nível de exigência escondendo os petiscos de Moby em distintos aposentos e liberando-o da posição de "parado" para uma animada caça ao tesouro. Esse cão, antes completamente possessivo em relação à comida, deixou de ser um protetor agressivo para se transformar em um despreocupado pirata na caça ao tesouro, tanto ele como seus donos, que vibravam a cada etapa do jogo!

Parado Fora de Casa

Moby estava se tornando tão bom na caça ao tesouro que decidimos já ser tempo de ele sair e aprender a ficar parado fora de casa, com todas as distrações que acontecem em ambientes externos. Fomos para uma rua calma e arborizada, mas logo tivemos um problema: Moby se recusou a deitar-se e, ainda mais, a ficar parado.

Perguntei-me o que devia estar se passando na cabeça dele. Ele não estava fingindo, nem tentando se safar. Ele simplesmente se recusava a deitar-se. Sabia que ele não era teimoso, desafiador ou desobediente, e logo descobri a explicação, que era a mais simples: até aquele momento ele não fizera a experiência de se deitar diretamente no chão, mas sempre em pisos revestidos. O asfalto fazia-o se sentir desconfortável. Precisei acionar um Plano B. Como sempre, as soluções são quase sempre mais simples do que pensamos.

Fui até meu carro e peguei um tapete de banheiro amarelo bem fofo que eu mantinha no banco de trás para Duke e Clyde. Quando o pus no chão, Moby sentou-se nele imediatamente — disposto e animado a ficar parado. Com Moby deitado em seu tapete de banheiro, Matt fez o exercício da gangorra. Visto que tínhamos estabelecido os padrões em casa, Moby entendeu exatamente o que Matt estava mandando que ele fizesse. Com o passar do tempo, Moby se acostumou com o asfalto, e seus donos foram encurtando cada vez mais seu "tapete" (o mesmo que você costuma fazer com o cobertor de um filho), até ele começar a se deitar diretamente no calçamento sem hesitar.

Resumo do Capítulo

- Comece com a posição de "abaixado": seu cão precisa gostar da posição de "abaixado" antes de avançar para a posição de "parado".
- Gangorra: ponha petiscos em dois montes separados, um entre as patas dianteiras do cão e o outro alguns metros adiante dele.
- Retorno negativo: emita sons alarmantes para mostrar a seu cão que ele está saindo da posição desejada e para mostrar-lhe o comportamento adequado.
- Locação: varie os lugares onde seu cão deve ficar parado; desse modo, ele terá boas maneiras onde quer que você esteja.

CAPÍTULO DEZOITO

Higiene

— Tamar — um cliente chamado Brent me dizia ao telefone: — não consigo ensinar hábitos de higiene a meu cão. Pensei que ele já estivesse educado, mas fiquei mais tempo fora do que o normal e ele fez xixi pela casa toda. Tentei de tudo, mas ele é teimoso e se recusa a me dar ouvidos. O que devo fazer?

— O que você vai fazer então? — perguntei, quase com medo de ouvir o que ele iria responder.

— O de sempre — disse Brent. — Esfregar o nariz dele na sujeira, bater nele com um jornal enrolado e dizer *não*!

Fiquei paralisada. Infelizmente isso era "o de sempre" porque, por alguma razão, muitas pessoas ainda pensam que esse é o modo certo de ensinar hábitos de higiene a um cão. Por isso não era de surpreender que Brent não estivesse tendo sucesso em ensinar hábitos de higiene a seu cão e estivesse alcançando um completo sucesso em afligi-lo. Queria fazê-lo parar com aquilo.

— E não apenas isso — seguiu Brent. — Quanto mais esfrego o nariz dele na sujeira, mais freqüentemente ele faz xixi no lugar errado. Ele urina em todos os cantos da casa só para me afrontar.

Comecei a suspeitar secretamente de que o problema podia ser físico, não comportamental.

— Você o leva para fora de casa regularmente? — perguntei.

— Claro! — Brent respondeu, ríspido.

— Você o levou ao veterinário? — perguntei. — Talvez ele esteja com uma infecção urinária.

— Não, não! — respondeu Brent. — Isso vem acontecendo há um bom tempo já. Tudo porque tenho estado muito ocupado nesse período. Ele é que é cheio de caprichos e teimoso.

Nesse ponto, comecei a suplicar. Disse a ele:

— Brent, por favor, leve-o ao veterinário. Tudo indica que ele tem um problema orgânico.

— Está bem! Vou levá-lo — respondeu Brent, desligando de repente. Suspeitei de que ele não cumpriria o prometido. Foi com tristeza — mas não completamente surpresa — que, algumas semanas depois, ouvi um amigo contando que o cão de Brent morrera. Foi constatado que ele tinha uma grave infecção urinária que, por negligência, atingiu-lhe os rins e, depois, atacou sua corrente sangüínea. A doença o matara devagar e dolorosamente — e tudo isso enquanto ele era espancado por fazer xixi nos lugares errados.

Exatamente ao contrário do senso comum, esfregar o focinho de um cão em suas próprias fezes e mandá-lo para fora com raiva não é a maneira correta de ensinar hábitos de higiene a ele. Na realidade, você não tem um problema com o fato de seu cão ter de *ir* ao banheiro — você tem um problema se o interior de sua casa virar o banheiro. Castigar seu cão por um acidente é emitir a mensagem de que o ato natural de fazer necessidades é, em si, errado.

A crueldade pode levar um cão a regredir e a fazer tudo o que lhe pareça necessário para evitar a ira do dono. Desse modo, para proteger a si mesmo, ele pode começar a comer as provas do ato ou a se recusar a fazer as necessidades diante do dono. Se ele estiver escondendo a "caca", você não poderá elogiá-lo quando o vir encaminhar-se para o lugar certo. Portanto, será impossível ensinar-lhe hábitos de higiene. Ninguém gosta de topar com surpresas desagradáveis em locais ocultos, como atrás do guarda-roupa ou dentro dos sapatos preferidos.

Ozzy Osbourne disse-me que não conseguia entender por que seus cães andavam espalhando xixi pela casa inteira, mesmo com ele mantendo escancaradas todas as portas que davam para a área externa da casa. O problema é que ninguém nunca mostrou aos cães de Ozzy para onde deviam ir fazer suas necessidades. Quando os Osbournes me telefonaram para pedir ajuda, expliquei que ensinar hábitos de higiene a um cão é a mesma coisa que ensinar a ele qualquer outra habilidade. Tudo o que você precisa é ensinar ao cão duas coisas: saber onde o banheiro fica e "segurar".

Onde deve ficar o banheiro? A maioria das pessoas automaticamente já pensa "na grama do quintal". Mas não é ali que as crianças brincam? Não é ali que *você* gosta de passar o tempo? O meio do quintal não é necessariamente o melhor lugar para a toalete pessoal de seu cão. Costumo escolher um lugar por onde geralmente não se passe, como alguma área reservada e recoberta de pedregulhos, junto a árvores ou arbustos, no fim do terreno, ou alguma área cimentada, fácil de limpar.

Usando a Gaiola

Uma gaiola é o modo mais rápido de ensinar seu cão a segurar os excrementos. Visto que os cães são animais de caverna, eles amam pequenos espaços; por isso, não vão estranhar a gaiola. A única coisa da qual talvez eles não gostem é que não poderão ir e vir à gaiola quando quiserem, mas isso é um privilégio que eles só conquistarão depois de terem aprendido todos os hábitos de higiene. Alguns de meus clientes decidiram não usar uma gaiola. Então passaram a usar o banheiro da dependência de empregada da casa. Eles acharam que essa era uma escolha mais respeitosa, mas penso que uma gaiola é mais aconchegante e mais adequada para seu cão. Observe onde ele escolhe se deitar quando já tem acesso a toda a casa. Geralmente é um espaço pequeno, como debaixo de uma mesa ou atrás de uma cadeira. Uma gaiola pode ser um lugar confortável, e muitos cães gostam de se enfiarem lá dentro para uma soneca, mesmo *depois* de terem aprendido hábitos de higiene corretos.

Depois de uma reação inicial à gaiola, que pode incluir ganidos, choros ou latidos, o cão relaxará e dormirá uma soneca. Faça disso uma experiência agradável falando com seu cão em um tom de voz suave e ajude-o a entender que a gaiola é o quarto privado dele — não uma cela de cadeia. Quando seu cão estiver em sua gaiola, dê-lhe um delicioso brinquedo de mascar recheado com um petisco classe prata ou ouro e o alimente no ponto mais interno da gaiola com a porta aberta. A gaiola não representará isolamento se for posta em um aposento movimentado e se seu cão vir que um monte de coisas boas continua a acontecer em torno dela.

A gaiola tem de ter um tamanho suficiente para que seu cão possa se deitar, se levantar e dar uma volta completa em torno de si, mas não deve ser maior que isso. Por outro lado, ele pode fazer suas necessidades em um canto, de modo que possa permanecer seco e confortável na outra ponta da gaiola — e não aprender a se segurar. Lembre-se sempre de que a gaiola está ali exclusivamente para que seu cão adquira hábitos de higiene. Por isso, não a use para castigá-lo nem para outra finalidade qualquer.

Estabelecendo um Horário

Com algumas regras simples e muita repetição, ensinar hábitos de higiene a seu cão pode ser bem fácil. Primeiro, determine um lugar para a gaiola e designe uma área externa como banheiro. Toda vez que puser seu cão na gaiola, use um tom de voz alegre e dê a ele brinquedos seguros. Deixe-o ali por cerca de duas horas e não lhe dê água durante esse tempo. Quando for tirá-lo de lá, dê-lhe bastante água. Deixe-o se fartar *antes* de levá-lo para se aliviar lá fora. Se o seu cão bebe a intervalos irregulares, ele fará xixi também em intervalos irregulares, e você terá dificuldade em prever quando ele estará pronto para sair.

Depois que ele irrigar o quintal, a rua ou os arbustos, você pode deixá-lo circular livremente em uma área delimitada da casa por cerca de meia hora. Você pode confiar nele, porque está "vazio". Depois de meia hora, leve-o de volta para a gaiola e deixe-o lá pelas próximas duas horas. Se seu cão cometer algum erro durante o "intervalo" que passou livremente em casa, dê mais espaço entre as idas dele ao banheiro. Alguns cães fazem suas necessidades em duas sessões separadas, não de uma vez só.

Você deve alimentá-lo duas ou três vezes por dia, sempre no mesmo horário e, sempre que possível, *depois* das refeições da família. Aguarde quinze minutos ou meia hora depois de ele comer e beber, e só depois leve-o para fora. O cão, até completar três meses de vida, deve fazer três refeições por dia. A partir daí, alimente-o duas vezes ao dia, e isso o ajudará a ensinar a seu cão hábitos de higiene.

Seu cão deve ter sempre muita água à disposição, porque a escassez de água pode prejudicar os rins dele. A água deve estar à disposição, em abundância durante as refeições e a cada duas horas mais ou menos, antes de você levar o cão para fora, para a área destinada a ser o banheiro. Deixe-o beber dentro de casa ou no jardim, com você. Nunca ponha água ou comida dentro da gaiola (mas um brinquedo de mastigar é permitido) durante as duas horas de intervalo, porque se ele encher a barriguinha será incapaz de "segurar". Isso não é certo, porque, desse modo, você não estará colaborando com seu cão.

As manhãs são o melhor período para instalar a rotina de ida ao banheiro, visto que você sabe que seu cão estará apertado depois de terse segurado a noite toda. Assim que você se levantar, leve-o para fora, para a área designada como banheiro, e dê um tempo ali. Enquanto ele fareja em busca do lugar perfeito, torne-se o mais invisível possível. E quando ele estiver a ponto de realmente fazer as necessidades, repita o nome que você escolheu para esse comportamento ("depressa" ou "popó"), como se você estivesse cantando uma canção de ninar, mas não olhe diretamente para ele. Não demonstre interesse enquanto ele estiver eliminando excrementos, porque ele pode correr em sua direção para ver o que está acontecendo sem completar o processo. Contudo *anime-se* quando vir que ele fez todo o serviço, dizendo as palavras "muito bem", ou qualquer outra que você escolha para dizer sempre nesses momentos, em um tom de voz entusiasmado. Dê-lhe um sorriso e um petisco classe prata. Agora você está pronto para começar seu dia. À noite, certifique-se de que seu cão não comerá nem beberá nada durante três horas antes da hora de vocês se deitarem. Afinal você quer que ele durma completamente aliviado para poder segurar o maior tempo possível antes da rotina higiênica da manhã seguinte.

Meus clientes me perguntam o que fazer se seu cão estiver dormindo quando chegar a hora de levá-lo para fora. Assim como se faria com uma criança, *você* é o responsável pelo horário. Por isso é você quem deve dizer a ele quando entrar e quando sair da gaiola. O fundamental em tudo isso é concentrar-se na repetição dessa rotina de "dentro e fora" tantas vezes quanto possível a cada dia. Quando seu cão puder desfrutar de meia hora de intervalo sem "acidentes", você pode aumentar esse intervalo para quarenta e cinco minutos e, depois, para uma hora. Aos poucos, de acordo com o comportamento dele, será possível começar a lhe dar mais tempo livre antes de devolvê-lo à gaiola.

A duração total desse processo dependerá de você e de seu cão. Quanto mais você for fiel ao horário e repetir a rotina de "dentro e fora", tanto mais rápida ela será. Algumas vezes, o processo leva apenas uma semana, mas, na maioria dos casos, serão necessárias mais de quatro semanas para que o cão aprenda a buscar o local reservado para ser seu banheiro por conta própria, ou para que saiba como fazer você saber quando é chegada a hora.

O Mapa dos Hábitos de Higiene

Depois de algumas semanas praticando a rotina da gaiola, você pode querer fazer um mapa para ver se seu cão desenvolveu alguns padrões. Essa informação ajudará a simplificar as coisas, porque você saberá quando mantê-lo confinado e quando lhe conceder um pouco mais de confiança.

Cada mapa deve cobrir sete dias, e todos os habitantes da casa devem poder fazer registros nele. Quando você o alimentou? Quando lhe deu água? Use a letra A para "água" e C para "comida" e preencha o gráfico seguindo o dia e a hora. Você viu o cão fazer necessidades? Era o número 1 ou o número 2? Foi no banheiro ou foi no lugar errado?

Destaque a área designada como banheiro com um círculo e escreva dentro dela o que ele fez e quando. Se ele se enganou de lugar, registre isso em um quadrado. Escreva todas as ocorrências do dia em que ele se engana. Na segunda semana, você começará a ver os padrões seguidos por seu cão e poderá tomar as precauções necessárias. Por exemplo, ele pode ser mais inclinado a se enganar de lugar no fim da tarde — então, preste mais atenção a essa fase do dia e leve-o para fazer as necessidades mais de uma vez. Quando ele começar a seguir um horário regular, você pode dar-lhe mais tempo livre, uma vez que sabe que ele é capaz de se controlar.

Tocando a Campainha

Muitos donos me perguntam sobre como eles podem saber quando seus cães necessitam sair para fazer as necessidades. A verdade é que cada cão é um caso diverso. Para saber como, você terá de aprender a ler os sinais emitidos por seu cão e prestar muita atenção ao comportamento dele: ele começa a farejar quando está apertado? Fica rodeando determinado ponto? Gane ou chora?

Uma alternativa possível é realmente ensinar a seu cão como você quer ser notificado — nem que seja tocando uma campainha. Não estou brincando! Trabalhei com minha cliente Erin para mostrar a sua cadela, Honey, como tocar uma campainha com o focinho ou com a pata quando ela precisava sair para fazer as necessidades. Comecei pondo um petisco em minha mão e segurando-o bem diante do focinho de Honey. Quando ela cutucava, eu dizia "toque" e lhe dava seu petisco. Repeti isso algumas vezes, até Honey começar a compreender o padrão do toque.

Depois, precisei fazer com que Honey se familiarizasse com a campainha de verdade que eu passaria a usar. Estava usando um velho chocalho que Erin guardava em casa, mas qualquer campainha serve, desde que seja suficientemente resistente. Comecei prendendo o chocalho em um barbante. Quando Honey o tocava com a pata ou o focinho, era hora de fazer uma festa, enquanto eu repetia as palavras "toque, toque". Depois de alguns toques e mais celebrações, chegou a hora de ensinar Honey a tocar o chocalho enquanto ele estivesse pendurado na porta.

Para ajudar seu cão nisso, você pode rechear a campainha com um petisco delicioso, e quando ele vier farejar ou mexer nele com a pata, recompense-o. Quando o sino tocar, diga "toque" e lhe dê seu petisco. Como eu queria que Honey entendesse que tocar o chocalho significava sair, assim que ela acionava o chocalho com o focinho ou a pata, imediatamente eu a levava para fora e só então lhe dava um petisco.

Em sua primeira tentativa, Honey não acionou a campainha, contudo chegou muito perto disso, o que lhe mereceu uma recompensa. Inicialmente, como em vários de meus outros exercícios, recompenso toda tentativa que vá na direção certa. Isso constrói a autoconfiança do cão e lhe mostra que ele está no rumo certo.

Indo ao Banheiro Antes do Passeio

O treinamento não se encerra uma vez que você tenha ensinado seu cão a indicar que quer sair para fazer as necessidades. Agora ele precisa entender que veio para fora para usar o banheiro. Esperar pacientemente até que ele faça tudo pode ser bastante frustrante. Se você leva seu cão para passear *antes* de ele ir ao banheiro, ele pode demorar uma eternidade para achar o lugar certo. Ele terá vontade de estender a espera por bem mais tempo porque sabe que, feitas todas as necessidades, o passeio acabará. Ensine-o que ele precisa ir ao banheiro *antes*, para que sua caminhada possa ter início.

Scott Hamilton descreveu o comportamento transtornado de seu cão, Boogie, quando o levava para fora: "Sei que ele tem necessidades para fazer, mas em vez disso ele corre para encontrar um lugar por onde tenham passado coelhos ou outros animais. Depois, ele enfia o focinho em determinado lugar e não se move dali por um bom tempo. E, por fim, não faz nenhuma das necessidades. Isso me enlouquece!".

Boogie precisava entender a diferença entre ir ao banheiro e sair para passear. Instruí Scott a levar Boogie primeiro para o jardim, para seu banheiro regular, e a repetir a palavra "banheiro". Depois de Boogie ter-se aliviado, Scott poderia recompensá-lo levando-o para um passeio — mesmo que se tratasse de uma caminhada de poucos minutos.

Se o seu cão se recusa a ir ao banheiro assim que acorda pela manhã, mesmo você sabendo que ele precisa ir, você pode tentar levá-lo de volta para a gaiola por mais trinta minutos para tornar a situação dele mais urgente. E se você realmente quer mostrar a seu cão o que ele está perdendo do mundo lá fora, pegue a guia, mostre-a a ele e, depois, leve a guia para um passeio, sem ele. Sei que isso soa como um absurdo, porém funciona bem mais do que se pensa.

Cometendo Erros

Albert Einstein disse uma vez que aquele que nunca cometeu um erro nunca tinha tentado fazer algo novo. Autores, inventores e artistas, todos concordam em que cometer erros faz parte da busca pelo êxito. Partilho a mesma filosofia quando treino cães. Não tenha medo de cometer erros, porque você e seu cão estarão constantemente tentando coisas novas, e ele nem sempre captará a coisa de imediato.

Por mais diligente que você seja, há erros que você perceberá de imediato e outros que não perceberá, e você precisa lidar diferentemente com eles. Quando você surpreende seu cão fazendo as necessidades no lugar errado, torne bastante claro, por seu tom de voz, que você não gostou nada daquilo. Faça o som agudo do golfinho e, imediatamente, acompanhe-o para fora. Quando estiverem lá fora, relaxe e espere calmamente que ele faça as necessidades. Depois de ele fazê-las, elogie-o, dê-lhe um prêmio e leve-o de volta para dentro. Isso dirá claramente a ele do que você gosta e do que não gosta. Sugiro que mantenha um recipiente com petiscos perto da área escolhida para ser o banheiro do cão para que você sempre possa dar a ele uma boa recompensa a cada bom comportamento.

Quando você surpreender seu cão no ato de fazer algo no lugar errado, é necessário dar uma resposta diferente. Não perca tempo em levar seu cão de volta à cena do crime e em gastar energias em várias formas de comportamento indutores de estresse, como berrar, espancá-lo com as próprias mãos ou com um jornal enrolado, ou ainda esfregar o nariz dele nos excrementos. Quando seu cão fizer algo no lugar errado, o odor geralmente se fixa ali, aumentando as chances de ele voltar a repetir o malfeito naquele mesmo lugar. Para eliminar a repetição desse comportamento, certifique-se de ter secado toda a urina com um papel toalha e depois passe algum produto de limpeza apropriado para a remoção de odores.

Resumo do Capítulo

- Segurar: use uma gaiola e um horário de alimentação regular para estimular seu cão a segurar as necessidades em períodos de tempo cada vez maiores.
- Escolha uma palavra para este comando: repita uma palavra ou expressão, como “depressa!”
- Banheiro antes do passeio: estabeleça a ida de seu cão ao banheiro como requisito para o passeio.

CAPÍTULO DEZENOVE

O passeio

Eu estava assistindo a um programa chamado *Dr. Phil* recentemente, e uma mulher estava descrevendo como lidava com as notas baixas de sua filha. Ela contou com todos os detalhes como resmungava e gritava com sua menininha, na tentativa de fazê-la se concentrar e estudar, castigando-a e proibindo que ela usasse o telefone e visse TV quando não correspondia as suas expectativas. E essa mãe também se recusava a falar com a filha por alguns dias depois que recebia o boletim com notas baixas.

O dr. Phil olhou para a mulher profunda e longamente e lhe perguntou:

— E então? Isso dá certo com vocês?

Sorri. Já perdi a conta de quantas vezes fui trabalhar com um cliente que estava tendo problemas em sair para passear com seu cão. Geralmente, no momento em que o cão é posto na guia, ele arranca para a frente, praticamente puxando o dono para o chão. Tentando recuperar algum senso de controle e dignidade, o dono busca elaborar métodos de puxar, sacudir, sufocar, dar comandos e ameaçar. Aqui, a pergunta mais apropriada sempre é: "E então? Isso dá certo com vocês?".

Muitos donos de cães insistem em continuar com esses métodos inúteis, semana após semana, mês após mês, quando não ano após ano, esperando que eles, um dia, produzam resultados. Claro que nunca funcionarão. Sufocar, puxar e sacudir só garantirão uma coisa: você e todos os demais em sua casa morrerão de medo de passear com seu cão. Resultado? Ele não se exercitará suficientemente e começará a virar toda a energia represada contra você, seus convidados e sua casa. Essa é a receita ideal de desastre para todos, especialmente para seu cão. Exercitar-se é uma das sete necessidades básicas de todo cão, e caminhar é uma excelente forma de exercício tanto para você como para ele. Além de ser fácil e divertido — desde que você saiba o que está fazendo.

Os Exercícios Fora de Casa

Esteja você correndo ou caminhando, o cão que está lá na ponta da guia precisa ter bons modos. Vocês dois devem ser capazes de desfrutar uma caminhada segura juntos, e isso só vai ocorrer se você, o líder, mantiver o controle.

Não acredito que seja possível ensinar um cão a ficar junto. Ficar junto é recuar ao treino militar da Segunda Guerra Mundial, quando os soldados carregavam seus rifles do lado direito, enquanto o cão (um soldado quadrúpede) tinha de ficar no lado esquerdo, fora da linha de tiro do rifle. A menos que você seja um soldado, vamos deixar para lá o "junto" militar e nos concentrar na delícia que é dar uma caminhada gostosa e tranqüila com seu melhor amigo. Mas o que é que você faz quando seu cão está caminhando com você?

Uma cliente chamada Melissa me mostrou como ela passeava com sua cadela, Tsarina, uma linda husky siberiana branca, raça conhecida como ideal para puxar trenós. Tudo o que vi foi o movimento da saia laranja de Melissa balançando atrás de si, enquanto Tsarina puxava-a com toda a força pela rua, como um cão de trenó abrindo caminho na neve. Melissa tinha de correr cada vez mais rapidamente para ficar emparelhada com Tsarina. Era mais que evidente que ela precisava de ajuda!

A Parada do Lutador de Sumô

Um cão puxa para a frente por um simples motivo — isso funciona! Ele pode fazer você acelerar alguns metros mais ou conseguir arrastar você para um interessante monte de cocô que, segundo ele, tem de ser urgentemente investigado. Se ele tiver folga na guia e se você não estiver prestando atenção, ele puxa e, na medida em que sua mão se estende, ele consegue o metro e meio extra que está querendo. Visto que Melissa sempre esticava a mão quando Tsarina a puxava, ela estava aumentando o problema porque, na verdade, estava recompensando o mau comportamento. Aquilo precisava acabar.

A primeira coisa que fiz foi tirar o enforcador de Tsarina. Melissa vinha usando-o havia meses sem conseguir nenhum resultado. Então, para que usá-lo? O próximo passo foi pôr um cinto de couro em torno de minha cintura e prender a guia de Tsarina nele. Com a guia presa a meu cinto, Tsarina não podia esticá-la, por mais que puxasse com força. Estávamos perfeitamente amarradas uma à outra! Esse arranjo ainda tinha a vantagem de me deixar as duas mãos livres para segurar brinquedos e petiscos.

E como a segunda questão era manter o foco de Tsarina em mim e não em outra coisa qualquer, usei seu brinquedo favorito, uma bola de tênis que fazia sons. Também puxei da manga uma de minhas armas secretas — petiscos classe ouro! Dei um petisco a Tsarina, e começamos a caminhada. De cara, ela passou a caminhar direto a meu lado, concentrando sua atenção na sacola de petiscos que, nessa fase, deixei visível o tempo todo. Também mantive visível a bola de tênis, e ela não me puxou uma única vez. "Vamos, vamos, bom passeio!", eu a elogiava. Ela estava aprendendo que eu tinha o controle daquilo que ela queria — seu brinquedo favorito e petiscos. E não deixei passar nenhuma chance de recompensá-la com um petisco quando ela se aproximava de mim e eu dava um nome a esse comportamento: "Perto, perto", eu repetia em um tom cantado e com um sorriso de aprovação.

Queria que Tsarina entendesse por si mesma que ela tinha uma guia com determinado comprimento, que não se alteraria. Na fase de aprendizado, é importante *não* usar uma guia retrátil, para que seu cão desenvolva familiaridade com os limites da área por onde passeia. Uma vez que o cão tenha aprendido a caminhar e a ficar perto, posso confiar e passar a usar uma guia mais comprida e talvez, mais tarde, até mesmo dispensá-la. Naquela situação, porém, quando Tsarina puxou a guia, ela teve uma surpresa inesperada. A caminhada cessou de todo porque eu plantei meus dois pés no chão atrás de mim, como um japonês lutador de sumô. Chamo a isso de a Parada do Lutador de Sumô.

Não fiz nada além de me firmar no chão, esperando o tempo que fosse necessário para Tsarina calcular como afrouxar a tensão de sua guia. Depois que Tsarina deu um passo para trás, sua guia voltou a ter folga e recomeçamos a caminhar *imediatamente.* Se um cão for muito forte para minha Parada do Lutador de Sumô, seguro-me em uma árvore próxima ou em alguma cerca. Meu objetivo é fazer o cão entender as conseqüências de seus puxões. Durante o resto de nossa caminhada, Tsarina não tentou me puxar nenhuma outra vez. Mas quando a guia foi presa ao cinto de Melissa, a história mudou completamente.

Vi muitos cães se comportarem como anjos com seus treinadores, no entanto assim que voltavam para seus donos, esqueciam tudo o que haviam aprendido. Eu não tinha nenhum histórico de relacionamento com Tsarina; assim, nosso relacionamento era uma tábula rasa. Por isso, como ela já tinha um padrão estabelecido com Melissa, o processo seria mais longo. Precisávamos ensinar-lhe um novo padrão e ainda erradicar a velha associação, segundo a qual sua mãe era uma presa fácil.

Quando demos dois passos, Tsarina arrancou com tudo, arrastando Melissa. A atitude de Tsarina parecia querer dizer: “É mamãe que está agora na outra ponta da guia. Não preciso dar ouvidos a ela”. Porém Melissa estava avisada e assumiu a Posição do Lutador de Sumô, fincando os pés no chão como se tivesse sido cimentada ali. E esperou. Melissa e Tsarina ficaram cada uma de um lado, sem ceder por alguns momentos. Era o impasse. Estimulei Melissa a aparentar tédio, como quem diz: "Tenho todo o tempo do mundo. Por isso, vá em frente, pense bem. Não estou disputando nada com você. Dar folga na guia é uma escolha sua".

Aparentar tédio pode ser uma tática poderosa, mas essa atitude de "não estou nem aí" é um dos recursos mais fáceis e melhores em nosso arsenal de treinamento. Em pouco tempo, Tsarina recuou, dando folga na coleira. Melissa vencera, e o passeio continuou, enquanto Melissa e eu íamos cantando "passeio, passeio". Contudo, não oferecemos petisco algum a Tsarina, porque não queríamos que ela pensasse que o padrão virara: caminhar, arrancar a toda velocidade, parar, corrigir-se e ganhar um petisco. Depois de mais algumas tentativas, Tsarina estava se autocorrigindo muito rapidamente, puxando menos e com menos freqüência e ganhando petiscos por seu comportamento correto. Caminhar ao lado de Melissa passara a ser mais divertido do que sair puxando-a como quem puxa uma carga!

O Mural de seu Cão e outras Distrações

Quando você liga seu computador de manhã, geralmente recebe determinada quantidade de informações novas e interessantes, não é? É o que acontece comigo, e sei que meus cães estão esperando pelo mesmo quando saímos para nosso passeio. Seu cão vai querer pôr-se a par de todas as novidades e fofocas e checar os "caca-mails" que outros cães deixaram para ele, mas ele terá de aprender a esperar pacientemente até que você chegue ao "mural" dele.

Mesmo quando Matt e Abby praticavam a Parada do Lutador de Sumô, o espertinho do Moby dava um jeito de se aproximar de tudo o que queria. Ele puxava quando eles estavam perto de uma curva ou de arbustos. Mesmo que Matt parasse, Moby estava suficientemente perto para poder checar seu "caca-mail", e ainda acabava sendo recompensado por seu comportamento desobediente.

Aconselhei Matt a fazer o seguinte: quando Moby puxasse para a frente, ele devia dar um largo passo para o lado e depois parar. Assim Moby estaria impossibilitado de checar seu "caca-mail" e teria de modificar seus péssimos modos, afrouxar a tensão na guia e, só então, conseguir cheirar as últimas fofocas.

Uso três palavras diferentes em um passeio:

1. Digo "passeio" quanto estamos passeando.
2. Digo "perto" quando o cão se aproxima e se apresenta a mim.
3. Digo "vamos passear" quando estamos para começar ou para prosseguir com o passeio.

Animei Matt e Abby a se concentrarem em ensinar Moby a andar na velocidade deles e não na própria velocidade. E se Abby estivesse passeando com Moby e empurrando o carrinho do bebê ao mesmo tempo? Ela precisaria ir mais devagar para segurança do bebê, e Moby teria de alterar sua própria velocidade para acompanhar a dela. Para apresentar esse conceito a Moby, pedi a Matt que passeasse com ele levando-o na coleira e mudando constantemente a velocidade. Desse modo, Moby teria de ajustar o passo com o de seu dono e de prestar atenção a ele, não à voz em sua cabeça, que queria andar cada vez mais rápido.

Isso funcionou como por encanto, e Moby deu um pulinho de alegria quando entendeu o que Matt e Abby queriam dele. Era como se ele dissesse: "Consegui! Sou bom demais nisso!". Moby pegou a coisa logo, mas alguns cães levam mais tempo que outros. Seja paciente; no fim, tudo dará certo, tudo funcionará, especialmente se você elogiar constantemente seu cão e se conversar com ele enquanto vocês passeiam. Repetir as palavras "bom passeio" ou "bem perto" pode ser um bom modo de estimulá-lo. Na fase de ensinamento, como sempre, dê petiscos com certa freqüência. Naturalmente, mais tarde, você passará para recompensas aleatórias, uma vez que seu cão tenha se transformado em um campeão das caminhadas.

Quando você estiver ensinando esse exercício a seu cão, ajudará muito manter uma mente aberta e positiva. Você precisa ter paciência e evitar estabelecer metas excessivamente altas. Seu cão pode não percorrer a distância que você planejou para ser coberta em determinado tempo. Tente planejar passeios um pouco diferentes. Em vez de vincular seu sucesso a quilômetros ou quadras, estabeleça para si mesmo períodos de quinze ou trinta minutos e tente ver até onde consegue chegar. Você pode começar com um passo e uma Parada do Lutador de Sumô, e depois dar dois ou três passos antes de precisar fazer a Parada do Lutador de Sumô de novo. Reconheça que, de início, o sucesso de seu cão pode não ser tão expressivo, mas, antes de você se dar conta, os dois estarão percorrendo toda a vizinhança juntos.

Resumo do Capítulo

- Comprimento da guia: use uma guia no comprimento ideal de um metro e meio ou dois.
- A Parada do Lutador de Sumô: quando seu cão puxar para a frente, estaque firme, sem se mover. Depois espere pacientemente, até que seu cão afrouxe a guia.
- Foco e elogio: use as palavras "passeio", "perto" e "vamos passear" para encorajar seu cão durante o passeio.

CAPÍTULO VINTE

Latidos

Eu estava no The Loved Dog Center, discutindo um problema de comportamento com minha equipe, quando uma sirene passando lá fora provocou o início de uma sessão de karaokê espontâneo entre os cães que estavam na sala principal. Eles não acreditavam em um único cão cantar e todos os demais ouvirem, e cada cão presente se uniu ao coro dissonante, cada um tentando cantar mais alto e com mais fervor que o cão que estava a seu lado. Era como uma alcatéia de lobos uivando para a Lua, uma experiência de união. Mas eles não estavam em Wyoming ou no deserto israelense – eles estavam bem no centro de Los Angeles!

Aquela não era a primeira vez em que eu via um grupo de cães fazendo uma cantoria como se estivessem em um karaokê. Quando um mestiço de labrador chamado Finn chega todas as manhãs ao centro, todos os cães o cumprimentam com latidos de alegria. Eu o chamo de "o professor de música". Quase sempre vejo um cão latindo para outro, tentando, sem sucesso, envolvê-lo em um jogo. Às vezes ouço um cão solitário uivando para seus donos, à semelhança dos lobos selvagens uivando no isolamento do deserto.

O latido realmente libera endorfinas no organismo do cão, assim como o efeito do chocolate nas pessoas. Depois de iniciar, o cão até se esquece do motivo pelo qual começou a latir. Ele só sabe que aquilo lhe faz bem. Contudo, trata-se de um comportamento de lobo inaceitável. O latido excessivo significa maus modos para um cão domesticado, e se não o ajudarmos a moderar o hábito, latir será seu bilhete de ida para a carrocinha. Esse tipo de comportamento irrita a todos e tem de ser ajustado, uma vez que o cão não apenas enlouquece seus donos, mas enlouquece os vizinhos também.

Scout, um west highland terrier, adorava latir em todas as ocasiões, para qualquer coisa que se mexesse. Ele era tão excitável e apaixonado por latidos que quando cheguei com minha equipe a sua casa para gravar a participação dele em meu DVD, ele não parava de danificar peças do equipamento e de se comportar como um verdadeiro pestinha — latindo o tempo inteiro! Ele tinha um pulmão de ferro e um vocabulário inesgotável.

Dado que Jane e Sara, as donas de Scout, não conseguiam contê-lo e fazê-lo parar de latir, decidi começar a filmá-lo assim que ele irrompeu no meio da sala sem ter sido convidado. Ele quase enfiou a cabeça através das lentes da câmera, latindo sua mensagem para os telespectadores. Ficou o tempo todo trançando por entre nossos pés, interrompendo minha equipe e fazendo tanto barulho que não havia quem conseguisse ouvir nem mesmo os próprios pensamentos. Jane fez algumas tentativas ineficazes de retirar Scout do centro do caos, mas sem o menor sucesso. Ela pediu delicadamente que ele parasse de latir e continuou a repetir mansamente o nome dele tantas vezes que compreendi que ele já não se sensibilizava mais com aquilo. Na opinião de Scout, Jane era enfadonha, enquanto minha equipe e seu equipamento eram a oportunidade de um agitado estímulo, e isso disparou seu desejo de latir.

Ele não se aquietou nem mesmo quando Jane o tomou nos braços e o levou para outro aposento. Ela mal o soltou e ele voltou a fazer tudo o que vinha fazendo, berrando sobre os telhados. Para ajudar Scout a se encaixar na vida de suas donas, eu precisava ensiná-lo a associar latido a desprazer e a sentir prazer em ficar quieto. Então decidi que amedrontá-lo era o modo certo para fazê-lo parar. Depois eu poderia orientá-lo a ter um comportamento apropriado.

Era chegada a hora de recorrer a meu borrifador.

No momento em que Scout se esgoelava de tanto latir sentiu, de repente, um jorro frio de água na nuca. Ele parou de latir no mesmo instante, chocado com aquela chuveirada inesperada e, rapidamente, eu disse: "calado, fique calado", enquanto lhe dava um petisco classe ouro. Também usei um sinal de mão, pondo um dedo sobre meus lábios, o mesmo sinal que usamos quando queremos que uma criança fique quieta. Ele se aquietou para ganhar mais uns petisquinhos, mas quando um fio ondulante atraiu sua atenção, voltou a latir e começou a persegui-lo. Chuáá!!! De novo, a borrifada. Dessa vez, ele parou e fixou o olhar em mim. Dei-lhe um petisco, repetindo as palavras "calado, fique calado", reforçando que o que eu queria era que ele fizesse silêncio. Ele esperou, refletindo sobre o que acabara de ocorrer. Eu aumentara sua associação negativa com o latido e, ao mesmo tempo, reforçara sua associação de prazer com o silêncio. Mesmo sendo amedrontadora, a água é uma chamada de atenção inofensiva, que não causa danos e, ao mesmo tempo, chama a atenção de seu cão.

Mais tarde, nesse mesmo dia, quanto Scout tentou latir de novo, simplesmente usei o sinal de mão para aquietá-lo, seguido de um elogio por ele ter feito silêncio e de alguns deliciosos petiscos. Se ele não houvesse sossegado naquele momento, teria aplicado nele outro forte jorro de meu borrifador. Quando disse a Scout para fazer silêncio e lhe dei a chance de corresponder ante de eu usar o borrifador de novo, ficou claro que eu não precisava usá-lo. Ele era muito esperto. Captou tudo com apenas dois rápidos borrifos de água. Lembre-se de que a água não era uma punição, mas um reforço negativo. Eu estava pronta para continuar a irritá-lo com o borrifador enquanto ele insistisse em nos tirar do sério com seus latidos. No entanto tinha sido preciso usar apenas dois jatos de água para que ele aprendesse a ficar em silêncio.

Quando vi que Scout entendera o que estava em jogo, animei Jane e Sara a fazer o mesmo exercício com ele durante o dia. Pedi a elas que se aproximassem dele quando *não* estivesse latindo, usassem o sinal de mão e lhe dissessem para fazer silêncio, algo que ele já estava fazendo. Depois disso, deviam dar-lhe um petisco, mais um modo de Scout associar silêncio a prazer. Aprender a ficar em silêncio fez com que ele deixasse de latir, do mesmo modo como os beijos fizeram Honey parar de morder.

Para outra abordagem possível (Plano B), experimente dar um nome ao latido, como "fala", recompensando-o com um petisco classe bronze. Você pode tocar a campainha ou incitar seu cão com um brinquedo ou um petisco, e quando ele latir, diga "fala" e o recompense. Assim que ele aprender a falar quando você manda, diga-lhe para fazer silêncio usando o sinal de mão e lhe dê um petisco classe ouro por ter ficado quieto. Ele rapidamente compreenderá que fazer silêncio é muito mais vantajoso do que falar.

Latindo ao Telefone

Uma cliente chamada Lillian ligou-me para dizer que, sempre que estava ao telefone, sua cadela, uma dachshund chamada Frida, acordava até do sono mais profundo para começar a latir. Isso era um problema, especialmente porque Lillian trabalhava em casa, usando justamente o telefone para vender seguros-saúde.

— O que é que você faz quando Frida late? — perguntei a ela.

— Ponho o telefone em modo de espera e grito para que ela se cale — disse Lillian. — Às vezes, um afago a faz parar, mas ainda assim tenho de largar o telefone porque ela não fica quieta. Não posso fazer meu trabalho, minha cachorra está me dando prejuízo.

Ali estava o nó da questão! Frida estava sendo premiada por seu mau comportamento; por que, então, havia de parar? Ela fora suficientemente esperta para perceber que, quando Lillian estava ao telefone e ela latia, podia contar com atenção imediata. Frida não era estúpida. Aprendera como modificar o comportamento de Lillian. Todavia agora era a vez de Lillian transformar o comportamento de Frida.

Como de costume, isso exigiria prática, mas Lillian não queria praticar quando estivesse em um telefonema de trabalho importante. Então, assim como no caso dos convidados fictícios tocando a campainha para mudar o comportamento de pular, sugeri a Lillian que pedisse a seus amigos que dessem telefonemas fictícios — ou, então, ela poderia usar seu próprio celular, ligar para o telefone fixo e fingir que estava ao telefone. Eu a instruí a ignorar os latidos e a permanecer ao telefone por certo tempo. Nada de gritar, ralhar ou desligar o aparelho antes do fim da conversa. Se as coisas chegassem a um ponto insuportável, sugeri que Lillian saísse da sala e fechasse a porta atrás de si, sem olhar para Frida, fingindo que ela nem estava ali.

Quando, por fim, ela concluísse o telefonema, pedi que levasse Frida para fora e brincasse de "trazer", "pegar" ou de cabo-de-guerra com ela. Uma rápida massagem ou uma volta também fariam bem — qualquer coisa que concentrasse a atenção sobre Frida. Depois, quando o telefone voltasse a tocar, Lillian devia ignorar completamente a cadelinha. Em pouco tempo, Frida começou a entender que latir enquanto sua mãe estivesse ao telefone não lhe traria vantagem alguma. Isso pode requerer muitos telefonemas fictícios e tampões de ouvido, assim como ensinar o cão a não pular sobre as pessoas pode requerer muitos convidados fictícios. Porém isso funcionará para você, assim como funcionou para Lillian. Quando Frida, finalmente, enfiou em sua cabecinha peluda que não estava mais no controle, mas sim Lillian, o palco estava montado para que ela desenvolvesse um bom comportamento.

Resumo do Capítulo

- Latir: ensine seu cão a fazer silêncio com a ajuda de um borrifador e um sinal de mão. Recompense-o quando ele parar.
- Horário impróprio: se seu cão late quando você está ocupado ou falando ao telefone, não recompense o mau comportamento dele se não quiser reforçá-lo.

CAPÍTULO VINTE E UM

Celebrar!

É uma tarde revigorante em Malibu. A densa neblina se dissipara e as nuvens vão se juntando preguiçosamente para revelar o Sol, que reflete calorosamente o oceano. A distância, posso ver um golfinho em meio à espuma das ondas. Clyde está muito animado em um jogo de pega comigo, e eu sigo arremessando a bola continuamente para ele.

Uma das minhas pessoas favoritas no mundo — a atriz Courteney Cox-Arquette, da série *Friends* — está ao meu lado com seus dois cães. Ajudei-a a treinar diferentes cães durante vários anos, e ela é uma das pessoas mais amáveis e tranqüilas que conheço, esteja preparando o jantar de ação de graças para sua família e seus amigos esteja passeando com seus cães na praia — justamente o oposto daquilo que você deve imaginar que seja uma celebridade. Como dona de cães ela se envolve completamente, e me agrada profundamente o modo com que se concentra em treinar seus cães de forma não-violenta e com enorme amor e paciência.

Enquanto Courteney relaxava na praia, *paparazzi* apareceram do nada e começaram a fotografá-la. "E aí estão eles de novo", murmurei para ela. Ela sorriu, concordou e voltou toda a sua atenção para seus cachorros, que não estavam nada felizes com aqueles fotógrafos perturbando nossa tarde harmoniosa. Mas a vida de uma celebridade é assim — e ensinar seus cães a lidarem com essas interrupções e distrações irritantes é uma tarefa necessária. Trabalhando com um vizinho, com jovens carentes no Ação Solidária ou com Nicolette Sheridan, de *Desperate Housewives*, amo meu trabalho e o modo com que ele fez minha vida se expandir em direções que jamais imaginara. Porém mais que tudo, fico feliz em ver que os abusos cometidos contra mim durante minha infância serviram a um propósito maior.

Minha co-autora, Andrea, faz pouco tempo, visitou uma mulher que acabara de adotar para Carrie, sua filha, um labrador preto de 3 anos. No entanto quando Carrie começou a demonstrar o que o "treinador" lhe ensinara, Andrea ficou arrasada ao ver o colar de espinhos ser posto no pescoço do cachorro. Enquanto sua mãe observava, a menininha tomou a iniciativa de levar o cão para o quintal para tentar fazê-lo se sentar. O pobre cão olhava em volta como se nunca tivesse ouvido a palavra "sentado" antes, e então Carrie, uma doce menininha de 8 anos, deu um puxão violento no pescoço do cão, como lhe tinham ensinado. O cachorro cedeu e cambaleou para a frente pelo duro puxão que Carrie dera em seu pescoço, "como o treinador me disse para fazer", ela disse com orgulho.

Quando a sessão de "destreino" acabou e o cão foi liberado daquela tortura, ele voou literalmente para os braços de Andrea, olhando para ela como quem quer dizer: "Por favor, salve-me!". Depois de escrever este livro comigo, Andrea entendeu que, apesar de não saberem, Carrie e sua mãe estavam fazendo tudo o que podiam para transformar um animal perfeitamente meigo e amoroso em um cão agressivo, humilhado e potencialmente perigoso. E o pobre coitado, ainda por cima, não tinha idéia do que significava se sentar!

— Não sei como você encara tudo isso todo santo dia, Tamar — disse-me Andrea. — De verdade? Sinto pena de você.

Respondi:

— Não tenha pena de mim; tenha pena dos cachorros!

Embora tenhamos avançado muito na consciência de nossa obrigação de sermos ternos e respeitosos com os animais, há muitas pessoas que ainda abusam, sufocam, espancam seus animais e ainda chamam isso de treinamento. Por favor, junte-se a mim e se torne um defensor dos cães, difundindo a idéia de que o abuso é desnecessário e inaceitável. Outrora era considerado descortês e inaceitável alguém se intrometer quando via um pai ou uma mãe batendo em um filho em público. "Troque de calçada", era o que recomendava o costume. "Você não tem nada que ver com isso."

Como membros de uma sociedade, temos de aceitar que qualquer tipo de abuso contra crianças tem *absolutamente* tudo que ver conosco, mesmo que esteja sendo cometido em nome da "disciplina". O mesmo deve ser dito dos animais. Temos de fazer tudo o que esteja a nosso alcance para extinguir os adestramentos abusivos e dar voz a todas as criaturas viventes que não podem falar por si mesmas — sejam elas desabrigadas sejam moradoras da casa ao lado. Por favor, interfira. Diga a seus amigos, familiares e conhecidos que eles têm a opção de seguir um caminho diferente, um modo amoroso de treinar e exercitar seus cães. Se fizermos vistas grossas ao abuso, estaremos sendo cúmplices dele.

Enquanto isso, você e seu cão têm um longo caminho a percorrer juntos! Até onde chegar depende de você, e espero que você possa ver o quanto é sábio investir tempo em seu cão e em seu relacionamento mútuo. Lembre-se sempre de que seu cão é um diamante ainda não lapidado, à espera de que você libere a magia que existe nele. Tudo o que você tem que fazer é ser paciente, manter a alegria, dar tempo para que ele aprenda as lições e recompensar cada vitória, pequena ou grande. Devemos ser muito felizes e gratos por ter essas criaturas maravilhosas em nossas vidas, mesmo sendo tão pouco o que tempo que vivemos com cada uma delas. Então as respeite, seja agradecido a elas celebrando a vida em todos os momentos em que estiverem juntos!

APÊNDICE

Fábricas de filhotes

As fábricas de filhotes, sejam as chamadas "canis comerciais" sejam — em termos bem mais suaves — as "criações de quintal", são na verdade instalações aterrorizantes que praticam as formas mais odiosas de abuso que se possa imaginar. A Humane Society dos Estados Unidos trabalhou com a escritora Jana Kohl em um livro chamado *To Leave a Light Footprint* ["Deixar um rastro de luz"], sobre uma poodle muito mansa chamada Baby. O número "94" foi tatuado na orelha de Baby — o único "nome" que ela recebera até ser resgatada —, como se fosse alguma prisioneira de um campo de concentração, de modo que eles pudessem decidir por quanto tempo a usariam como matriz reprodutiva.

Baby passou dez anos de miséria, trancada em uma minúscula gaiola de arame em uma fábrica de filhotes, sendo forçada a dar ninhadas uma depois da outra. Durante esse tempo, ela quebrou a pata. Seus ossos tinham sido fragilizados pela péssima alimentação e por uma ausência total de atividade física, e sua pata ficou presa nos arames do piso da gaiola. Por fim, Baby teve a perna amputada, mas continuou sendo forçada a dar ninhadas. O fato de ela ter sobrevivido foi um milagre completo. Seus companheiros "reprodutores" eram tratados da mesma maneira. Suas cordas vocais eram cortadas sem anestesia com um instrumento de metal que era enfiado em suas gargantas para abafar os sons de seus latidos, e também não recebiam nenhuma atenção médica.

Milhões de filhotes nascem desse modo e são vendidos por "proprietários" dessas fábricas de filhotes — a prole de centenas de milhares de cadelas que congelam no inverno e cozinham no calor dentro de gaiolas. Esses cães enlouquecem com esse tipo de tratamento. Sabe-se que eles giram sem parar em suas diminutas celas, jogam-se contra as paredes das gaiolas, lambem-se até se ferir e sangrar ou se tornam catatônicos e ficam como que paralisados.

As gaiolas freqüentemente são amontoadas umas sobre as outras, e os olhos dos cães queimam com o fedor de urina e fezes. Suas patas são cortadas pelo piso de arame das gaiolas e se arreganham em chaga viva. Eles podem ser mantidos em completa escuridão por tanto tempo que, ao final, ficam cegos. Coleiras quase sempre se incrustam nos pescoços dos cães e seus dentes apodrecem por falta de cuidados. Se eles sobreviverem além da idade reprodutora ou deixarem de ter utilidade por doenças como o verme do coração, sarna, membros quebrados ou tumores, são abatidos a tiro, espancados até a morte, abandonados para morrer de inanição trancados em suas gaiolas ou simplesmente abandonados. Registraram-se até casos em que animais vivos eram alimentados com despojos de animais mortos.

Por que então esses locais não são interditados? A triste verdade é que essas fábricas de filhotes são uma indústria que movimenta, só nos Estados Unidos, 40 milhões de dólares — com poderosos lobistas que lutam contra as menores mudanças legais que possam melhorar as condições dos cães. Os padrões são assustadoramente fracos e as sanções são irregulares. Como resultado, continuam a ocorrer violações crônicas da Lei de Bem-Estar dos Animais (violações como aquelas que descrevi acima) sem nenhuma penalidade. A Humane Society dos Estados Unidos trabalha incessantemente no Congresso Americano para mudar as leis que ainda dão espaço para abusos contra animais, mas ainda há muito trabalho a ser feito.

A melhor coisa que você pode fazer para combater essa injustiça é *nunca, nunca mesmo adquirir um filhote de uma fábrica dessas* — mesmo que a venda esteja sendo feita por intermédio de uma *pet shop* ou pela internet, que vem se tornando parte fundamental desse esquema ilegítimo. Aquele lindo filhotinho é, mais que nunca, o produto de uma mãe que sofre abusos graves, e tem todas as possibilidades de vir a ser vítima de doenças e problemas de comportamento. Comprar um desses filhotes não é resgatar um cão — é, na realidade, perpetuar o horror, visto que seu dinheiro estará dando mais força à existência das fábricas de filhotes. Enquanto não conseguirmos extinguir essa prática hedionda para sempre, a melhor atitude que podemos ter é comprar filhotes exclusivamente de criadores sérios e com alvará, o qual você tenha pesquisado cuidadosamente e cujo canil tenha visitado pessoalmente. Ou, melhor ainda, examine a possibilidade de adotar, em um abrigo, um cão carente perfeitamente saudável. Meus dois garotos, Clyde e Duke, não são de raça pura e não vieram com *pedigree* — mas vieram com o coração aberto e uma reserva inesgotável de amor puro e incondicional para dar.

Para maiores informações, por favor
visite o site: <www.StopPuppyMills.org>.

Este livro foi composto em Minion
e impresso pela Edigraf sobre
papel pólen soft 70g para a Ediouro, em outubro de 2008.